应用成本效益分析

——理论、方法、习题和解答

奥拉夫·普罗特纳
(Olaf Plötner)
芭芭拉·西本
(Barbara Sieben)
泰格夫·库梅尔
(Tyge-F. Kummer)

王煦逸
史雯婷 编著

上海财经大学出版社

图书在版编目(CIP)数据

应用成本效益分析:理论、方法、习题和解答/(德)普罗特纳,西本,库梅尔,王煦逸,史雯婷著. 一上海:上海财经大学出版社,2011.2
ISBN 978-7-5642-0904-9/F·0904

Ⅰ.①应… Ⅱ.①普…②王…③史… Ⅲ.①成本-效益分析 Ⅳ.①F224.5

中国版本图书馆 CIP 数据核字(2010)第 235715 号

□ 责任编辑 李成军
□ 封面设计 钱宇辰

YINGYONG CHENGBEN XIAOYI FENXI
应用成本效益分析
——理论、方法、习题和解答

奥拉夫·普罗特纳
(Olaf Plötner)
芭芭拉·西本
(Barbara Sieben)
泰格夫·库梅尔
(Tyge-F. Kummer)
王煦逸
史雯婷
编著

上海财经大学出版社出版发行
(上海市武东路 321 号乙 邮编 200434)
网 址:http://www.sufep.com
电子邮箱:webmaster @ sufep.com
全国新华书店经销
上海竟成印务有限公司印刷装订
2011 年 2 月第 1 版 2011 年 2 月第 1 次印刷

710mm×960mm 1/16 13 印张 247 千字
印数:0 001—3 000 定价:35.00 元

With the support of Ernst & Young, ESMT,
ThyssenKrupp-Chair for Controlling CDHK Tongji University.
本书的出版得到安永会计师事务所、欧洲 ESMT
商学院与同济大学中德学院蒂森克虏伯管理控制讲座的支持。

Vorwort auf Deutsch

Ziel dieses Lehrbuches ist es, die grundlegenden Zusammenhänge der Kosten-und Erlösrechnung kompakt, einfach und nachvollziehbar zu vermitteln. Um das erworbene Wissen umgehend anwenden und überprüfen zu können, wurde der Text durch eine umfassende Aufgabensammlung ergänzt, die aus dem Buch" Kosten-und Erlösrechnung" von Plötner, Sieben und Kummer mit der freundlichen Unterstützung vom Springer Verlag übernommen wurde.

Das Buch richtet sich an Studenten der Wirtschaftswissenschaft sowie an Manager von Unternehmen, die künftig in einer zunehmend dynamischen und globalisierten Wirtschaftswelt agieren werden. Diese Entwicklungen werden auch durch das Zustandekommen des vorliegenden Buches belegt. Es beruht auf der Zusammenarbeit von Wirtschaftswissenschaftlern aus Deutschland und China-den beiden größten Exportnationen weltweit. Darüber hinaus liegt diesem Lehrbuch ein derzeit noch ungewöhnlicher Ansatz der engen Zusammenarbeit zwischen Wissenschaft und Praxis zugrunde. So beruhen Inhalt und Struktur des Buches nicht nur auf der jahrelangen universitären Erfahrung der Autoren, sondern auch auf ihrem intensiven Austausch mit zahlreichen Managern und deren Hinweisen zur Praxisrelevanz des Lehrstoffes.

Besonders bedanken möchten wir uns in diesem Zusammenhang bei dem Unternehmen Ernst & Young und hier vor allem bei dem Leiter des Berliner Büros, Herrn Ulrich Plett. Neben seinen wertvollen inhaltlichen Anregungen hat er auch durch eine finanzielle Unterstützung die preisgünstige Veröffentlichung dieses Lehrbuches ermöglicht. Darüber hinaus möchte sich das Autorenteam auch ausdrücklich bei Long Xiaoshuang, Ren Fangfang, Tan Wei und Xu Xiaoqiao bedanken, die als Studentinnen des ThyssenKrupp Lehrstuhls für Controlling

CDHK der Tongji Universität die Erstellung des Buches mit viel Engagement unterstützt haben.

Ein Buch ist stets für seine Leser da und sollte an deren Feedback ausgerichtet werden. Die Kontaktdaten der Autoren finden Sie auf der Rückseite des Buches. Schreiben Sie uns einfach eine E－Mail-über Ihre Anregungen und Kritik würden wir uns sehr freuen. Wir wünschen Ihnen viel Freude mit dem Lehrbuch.

Olaf Plötner，Barbara Sieben und Tyge-F Kummer
Wang Xuyi und Shi Wenting
Berlin Deutschland，Shanghai China
Januar 2011

中文前言

本书的出版是为了向读者深入浅出地全面介绍成本收益分析方面的基础知识，为了能够使读者全面理解和掌握有关知识的运用，本书在德国施普林格出版社的支持下全面引入了本书三位德国作者的《成本收入分析》中的习题部分。本书能够满足大学师生以及有志于在这个多变的环境中从事管理工作的经理人的研修要求。

本书是中德两国专家合作的结晶，它从成本分类的角度，系统地介绍了成本收益分析领域的最新进展，为读者提供了进行产品成本分析、岗位成本分析和客户成本分析的基本工具。本书另外一个特色就是理论和实际的紧密结合，它的内容和结构不但符合大学学术教育的要求，同时也结合了作者多年和经理人交流获得的实际工作经验，特别适合于有志于从事管理实践工作的读者。为了使读者能够全面掌握有关成本分析的知识并学会灵活运用，本书附上大量习题，并配有解答，有助于读者深入领会所学知识。

这里特别要感谢安永会计师事务所柏林公司的总经理普列特(Plett)先生，他和他的同事不但在内容上给予本书的撰写以大力的支持，同时也为本书的出版提供了财务资助。本书的撰写也得到了同济大学中德学院蒂森克虏伯管理控制讲座的大力支持，特别是龙晓霜、任芳芳、谭薇和许小乔等同学为本书的出版提供了很大的帮助。

各位读者的回馈对于作者改进本书十分重要，作者的联系方式见封面内页，我们十分欢迎您把自己的想法通过电子邮件转达给我们，我们衷心希望本书能够为您提供有用的帮助。

奥拉夫·普罗特纳、芭芭拉．西本、泰格夫．库梅尔

王煦逸、史雯婷

德国柏林、中国上海

2011 年 1 月

目　录

第 1 章　成本与收入核算的基础

1.1　我们为什么要学习会计学?

“上海大众汽车公司必须大幅度降低成本”。

“股东希望中石油能够提高其利润率”。

“如果不能获得一定数量的利润,沃尔沃汽车公司将会被收购”。

在经济社会高度发达的今天,我们经常在报纸或者杂志上看到上述标题,这清楚地表明,企业的盈利能力是其生存和发展的根源,也就是说,企业的收入和成本决定了一个企业的命运。在中国,虽然由于股票市场不是很发达,广大中小股东对于企业的管理还不具有很大的影响力,但是,作为大股东的法人或者政府,对于企业高层管理者的任命权决定了他们对于企业的发展具有决定性的影响力,企业管理者必须满足大股东在企业盈利方面的要求。虽然我们有许多理由说明企业不是为了利润而存在的,特别是国有企业还要满足许多利益相关者的各种要求,例如环境保护、促进就业和社会稳定等,但企业始终还是无法摆脱对于利润的追求,这既是股东利益所在,也是管理者追求的第一目标,所以,对于管理感兴趣的人,必须熟悉企业盈利能力的核算机制,从而能够对于企业的经营作出正确的评价。

对于广大在校学生来说,随着会计学科地位的不断提高,社会上与会计有关的工作岗位迅速增加,无论是大型企业还是中型企业,都会提供相关的岗位,即使小型企业没有独立的会计岗位,也需要管理人员兼管这方面工作,因此,对于将来有志于在企业管理领域发展的学生,不管是管理专业还是其他专业的学生,了解基础会计知识都是必要的。当然,他们不需要精通会计学的方方面面,但是,他们必须了解会计学的基本思想,应该知道如何收集利润相关指标、将其系统化并进行有关的核算,最终通过有关指标来操控企业,这是作为企业未来领导人必须具备的知识。

相对于其他管理系统而言，会计系统最大的特点就是它的所有变量都可以用货币单位来衡量，最多是在此基础上加上一些关于物品或者服务的数量说明，其他系统不一定都是这样，例如人事系统，对于“企业应该要求员工具有怎样的知识结构?”这样的问题，一般很难有完全货币化的回答，甚至于量化的回答都是困难的。而在会计系统里的典型问题是:“关于新企业形象宣传的广告费用是多少?”、“我们的库存价值几何?”和“这个项目投资可以获得多高的盈利?”，这些问题都可以通过以货币单位为基础的数据来回答，从这个意义上来说，会计学是利用货币数据来说明企业的过去和现状的系统，它能够给企业的操控提供支持。

当然会计指标也有优劣之分，但是评价优劣的标准不仅仅是它们的精确程度，真正重要的是它们的实际有效性，就是经济意义。前几年曾经收取的银行 ATM 机跨行查询费用是 0.3 元，当时的解释是发卡行、ATM 机所有行和银联各 0.1 元，这在成本核算上是不允许的，没有体现出查询行为经济意义上的成本差别分配，最后在群众的反对声中，银监会取消了该项收费。所以，要对经济指标的优劣进行评价，必须掌握管理学，特别是会计方面的基本原理和方法，并具备把有关知识运用到实践中去的能力，有关的具体内容，我们在以下章节中会逐步展开。

1.2 为什么要学习企业内部会计核算?

对许多大学毕业生来说，工作的开始意味着在一个陌生的城市开始自己的新生活，他们必须从学校宿舍迁出，搬到自己租赁的房屋中，其中一位来自当地的毕业生看到了其中蕴含的商机，他开办了一家房产中介公司，主要满足大学毕业生的找房需求。第一年，该毕业生为筹建公司，注册等花费了5 000元，广告费大约17 000元，为了解决交通问题，他租赁了一辆汽车，每年的各项花费为11 000元，汽油费为3 000元。办公地点，包括电脑、电话、传真机则可从他父亲那里免费获得。该毕业生的父亲是一位注册会计师，每年该毕业生需按市场价支付给父亲2 000元，作为父亲为该中介公司所做的相关会计工作和年度决算的酬劳。第一年，有一些毕业生接受了该公司的中介服务，该中介公司的营业额为50 000元。在这一营业年度末，该毕业生总结以往，对自己提出了这样一个问题:“我是一个成功的房产经纪吗?”

如果是你，你会怎样回答这个问题呢?

经营是否成功涉及许多方面，从社会角度讲，有创造工作岗位、提高社会资源的利用率、降低社会成员上班途中的时间投入等，但是对于一位企业经营者来说最根本的还是获得利润，这是企业长期生存的必要条件，也是企业产生社会效益的前提，所以确定企业的经营利润数额十分重要。

除了企业管理层本身，许多企业外部的机构对于企业的经营状况也感兴趣，例如，税务局主要是按照利润来对企业征税，银行可以通过考察企业的利润来决定企业的还款能力，同时利润也是股东要求分红的主要指标，所以每家企业必须证明自己的盈利能力，这就需要外部会计知识，构建资产负债表和损益表，这些报表必须对社会公开，税务局、银行和股东等都能够看到。

既然通过外部会计学可以确定企业的经营利润，并且外部会计和内部会计涉及的内容基本一致，那么我们为什么还需要学习内部会计呢?

首先，外部会计的规定是通过法律法规来确定的，还要求在国际上有一定的一致性，所以虽然有些规定不尽合理，但还是必须执行。例如，目前房屋折旧的最低年限为20年，20年以后不管房屋是否还可以使用，在账务上它是没有价值的，或者说是“完全折旧”了，这在经济上是不合理的。

第二个更加重要的理由是:企业在公开数据时，在法律法规允许的范围内，企业会从自身利益出发，按照不同对象分别提供对于企业有利的数据。例如，对于税务局，企业会把利润尽可能降低，从而达到少缴税的目的。对于企业的普通员工也是如此，这样可以减轻增加工资的压力。同时，对于投资者和上级部门，企业会报喜不报忧，尽量把数据做得好看，利润值要高，这样可以更加容易得到资金，也可以为高层经理人得到进一步提拔产生正面的影响，在专业文献中，运用这些合法回旋余地的方法称为资产负债表策略。

显然，利用资产负债表策略可以达到有关目的，但是从管理角度来看，他们歪曲了企业的真实经营状况，如果企业在这些数据的基础上进行决策(如是否应该投资建立新的业务领域;根据其经济状况，是否应该对某领域进行根本的重建或完全停止该领域的经营性活动等)，就会使得企业的决策脱离实际，企业发展就不会如同计划的那样，所以从企业决策的角度，经理人需要完全真实反映企业现状的数据，这正是内部会计应该完成的工作，所以内部会计对于企业的操控具有决定性意义。

外部会计的工作对象是企业，或者说是独立的法人，对于企业内部的经营管理，外部会计没有义务和能力提供相应的数据，但是要达到操控企业的目的，必须对企业经营的有关数据进行细化，如细化到部门、车间直到岗位或者产品等，这样经理人才可能进行有效的领导和操控，这使得内部会计成为一个必备的工具。同时，外部人员有时候也需要一些关于企业的细化数据，例如，银行在审核贷款时一般都希望了解该项目可能的经营情况，股东也想知道哪些是公司发展良好的业务，哪些是公司的问题业务，要回答这些问题，都必须用到内部会计这个工具。

现在让我们重新回到之前那个毕业生所提的问题：根据所给出的信息和外部会计学的相关原理，该房产中介公司在第一个营业年度共盈利12 000元(50 000元的营业额减去38 000元的广告、汽车、筹建公司和会计花费等)。据此，我们可以推断该企业在竞争激烈的房地产中介市场中获得了盈利。

但事实真的是这样吗？我们有必要对于该企业的经营业绩进行进一步深入分析。作为公司开业的必要投入，该毕业生在办公场地和有关设备方面得到他父亲的免费支持，所以在外部会计核算方面这里没有任何支出。但是其他一般的中介公司不是这样的，想要全面核算该企业的经营状况，必须参照一般公司的经营条件对上述结果进行修正，假定租金和有关设备的花费市场价是每月1 000元，那么一年就是12 000元。根据内部会计学的原理，在评价该房产中介的经营成果时，如果考虑到房租等数据，那么该中介公司在第一个营业年度丝毫没有盈利。表 1.1 列出了该公司外部会计的收入及内部会计的收入值。

表 1.1　　外部和内部会计利润核算

销售收入和成本(元)	外部会计	内部会计
销售收入	50 000	50 000
开业费用	5 000	5 000
广告	17 000	17 000
租赁	11 000	11 000
汽油	3 000	3 000
会计账务管理	2 000	2 000
(核算)租金		12 000
利润	12 000	0

另外，如果考虑他不是把资金投到中介公司中，而是进行其他的经营活动，或者至少可以无风险地把资金存入银行得到利息，那么该中介公司的利润会更糟。从经济角度看，该公司必须把银行利息赚回来，也就是所谓的核算资本利息，这样，该中介在第一年不但没有盈利，反而是亏损的。从管理角度看，该毕业生应该放弃房产中介公司，将其父亲提供的办公室出租出去，并将自己的那部分钱存入银行，这样可能对他来说更加有利可图。

当然，从社会关系角度考察，有些事情是不可能的，例如，他不能简单地把父亲给他使用的办公室租出去赚房租，这会引起他父亲的不快，父亲可能希望通过中介业务锻炼他的工作能力而不是要他真正马上赚钱。然而，从管理的角度看，他必须单纯考察中介公司的经营状况，这对他来说是必要的，也是可能的，所有数据都只是他自己（广义来说是企业管理层）能够看到，所有外部人，如税务局、银行甚至他父亲也不可能接触到这些信息，这是公司的核心机密。由于这些信息仅供管理层决策时使用，因此无需考虑任何利益导向的策略，因为在这里没有必要自己骗自己。相对于外部会计，内部会计最大的不同也是它的特点，就是一切都是真实的，所有数据都是反映企业在该时间点或者时间段的真实经营状况和成果，从而能够为企业决策提供必需的数据支持。

综上所述，内部会计的核心目的是为企业制定计划提供支持，它可以在企业的选址决策、产品定价、供货商选择、产品决策等很多方面提供帮助。但是，必须注意的是，内部会计也只能提供与成本和预期收入相关的定量信息，这对于决策来说是不够的，决策时还必须考虑许多重要的定性信息。例如，就像紫金矿业目前面临的问题，产品虽然赚钱，但是，它带来了巨大的污染，从社会角度看生产该产品破坏了百姓的生活环境，同时也给企业的形象带来了负面影响，进而拖累股价，这种类型的项目必须结合定性和定量因素，全面考虑，而内部会计只能够提供决策所需的部分信息，认识到这点非常重要。

另外，对于库存的核算，虽然外部会计在这方面有详细的规定，可以解决大多数有关企业库存评价的问题，但是这些规定是建立在企业的库存（包括原料库存、半成品库存和成品库存）都是具有市场可实现价值基础之上的，如果该库存缺乏有关的市场价值，那么简单运用外部会计就不能进行必要的核算，内部会计在这些方面发展出了一系列的方法，可以用来确定相应的价值。

总之，内部会计和外部会计各有自己的特色，在不同的领域发挥着各自的作用，对于企业管理层来说，内部会计的知识可以为企业的领导和操控提供更加实用的手段和方法，所以，内部会计核算现在已经成为企业管理人员必须认真学习和掌握的专业领域，对于提高企业管理水平和质量具有决定性的意义。

1.3 什么是成本？什么是收入？什么是业绩？

前面我们已经清楚地阐述了企业内部会计和外部会计之间的关联。虽然两者之间存在相同之处，但是，在学习过程中，我们应该重点关注两者之间的区别，正如前面案例所提及的，内部会计是为企业管理层控制企业经营活动和加强企业经营管理服务的，而外部会计是向外部利益相关者提供相关的决策信息。

所以，为了正确定义内部会计和外部会计，我们采用不同的概念来处理这两种会计行为。在内部会计体系中，我们使用“成本”和“经济收入”以及“绩效”，而在外部会计中，相对应的是“费用”和“会计收入”。成本/费用涉及的都是企业的物资消耗，相应的经济收入/会计收入对应企业的价值创造。虽然概念有重叠的部分，但是经济收入的范畴大于会计收入，对应的成本、费用也有所区别。图 1.1 概括性地给出了相关内容。

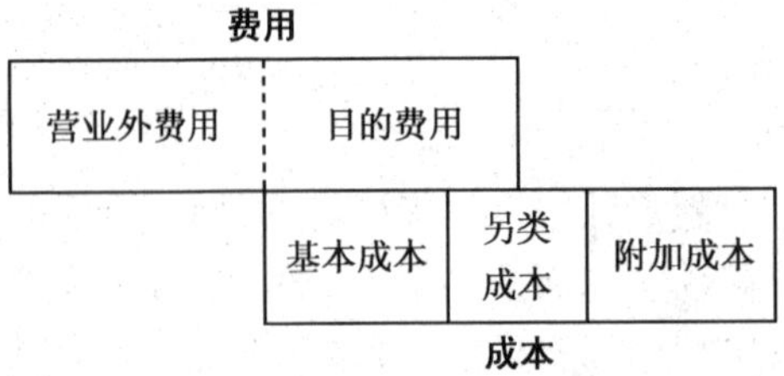

图 1.1 “成本/费用”和“经济收入/会计收入”的差异

通常，成本被认为是与企业目标相关的物资消耗。根据其与对应的外部会计中费用的关系，可将成本分为三大类：

1. 基本成本是指与外部会计中“目的费用”相对应的成本。如前面案例提及的企业注册费用就属这类成本。

2. 附加成本是指那些在外部会计中没有与之对应费用的成本值。在前面案例中，没有在损益表中出现的关于免费办公地点的相关成本数据就属于附加成本。

3. 另类成本是指不管在外部会计还是内部会计都有相应的成本或者费用项目，但是入账价值不同。例如，前述案例中该毕业生的父亲要求他支付一定金额的办公室使用费，且这项支出小于市价，那么这项成本就属于另类成本。因为虽然都是租金，但是内部会计采用的市价入账明显高于外部会计中的实际入账成本。

我们将另类成本和附加成本的和称为核算成本。

根据定义，成本是物资的耗费。也就是说，当一个汽车制造企业的采购部门购进了相应的汽车零配件，但是相应的制造过程还未开始（不管企业是否已经支付了相应的采购货款，或者这些零配件是否已经运往该基地），那么至此还没有产生任何成本。只有在这些零配件真正用于整车的制造过程，企业才开始发生物资消耗，并伴随着成本的产生。值得注意的是，在服务领域，资源的供给和消耗在时间上是同步的。

站在外部会计的角度，所谓的目的费用就是指与内部会计成本项相对应的数据，即直接耗费在产品生产上的成本。如果不能归属于内部会计中的成本项目，外部会计统一把这部分成本称为营业外费用。在前述案例中，如该毕业生以公司的名义投资购买中国银行的股票，通过获取投资收益来增加公司的现金流入，以此来改善公司的财务状况。对于上述业务，外部会计中，将该项开支列为营业外费用，因为这项支出与公司的宗旨无关。所以在评价该毕业生是否是一名成功的房产经纪时，购买股票的行为以及由此而可能获得的收益是无关紧要的。在内部会计中，只需关注围绕企业宗旨的成本项目，无需考虑其他无关项目。只有这样才能对同行业公司进行客观的横向比较，排除企业经营活动以外资本运作活动的干扰。

同样，对于前期追溯调整业务处理也是如此。例如，上一个会计期间企业没有履行纳税义务，因此在当期企业需要补缴税款。对于此项业务，外部会计处理的原则是将该项支出列入当期的费用支出，导致在同类企业比较时，本企业的当期费用高估、利润低估。

同样，在内部会计中，也不能将营业外特殊开支算作企业成本。例如，由于地震引发海啸，损坏了没有投保的存货，诸如此类非常原因造成的存货毁损开支不能计入内部会计成本项。因为如果在核算时考虑该类营业外支出，很有可能导致企业当期的营业利润为负，相当于全盘否定了企业这一年的经营业绩。当在该期间与同类企业进行比较时，很有可能为企业的管理决策提供错误信息。所以，内部会计的处理是不将此类特殊事件支出列入成本项。

检验所涉及的开支是否与本企业宗旨无关、是否是发生在当期或者是否属于特殊情况，是合理确认该成本项在成本核算中位置的首要工作。如果在第一步检验过程中，确定所涉及的支出属于成本范畴，那么接下来的任务就是判断该成本是归属于基本成本还是另类成本。而对于内部会计和外部会计，成本的归属确定方法是否相同？图 1.2 清楚地展示了检验的流程图。

在内部会计中，与成本相对应的是企业的经营绩效和收入。对于内部会计而言，经营绩效和收入是等同的。但是对于非会计相关行业的人员来说，用收入来表示企业的价值产出更为直观。因此，在接下来的部分中我们将主要用“收入”这个概念来表示企业在一定期间通过交易带来的经济利益流入。一旦产品或服务售出，即所有权已经转移，那么售价就是产出价值的评估基础。如果产品生产过程已经完成，但是其还没有售出，就要用其他的方法来确定已经创造的价值。在下面的章节中，我们将分析各种有关的方法。

同成本/费用类似，经济收入/会计收入也适用这类规定。所以，内部会计体系内的收入也不用考虑那些营业外收入，即与企业宗旨无关的、当期之外或特殊的会计收入项目，之前提到的通过股票投资获得的利益流入就不能归属到内部会计收入范畴。另外，我们将那些在内部会计中具有对应项的会计收入称为目的会计收入。

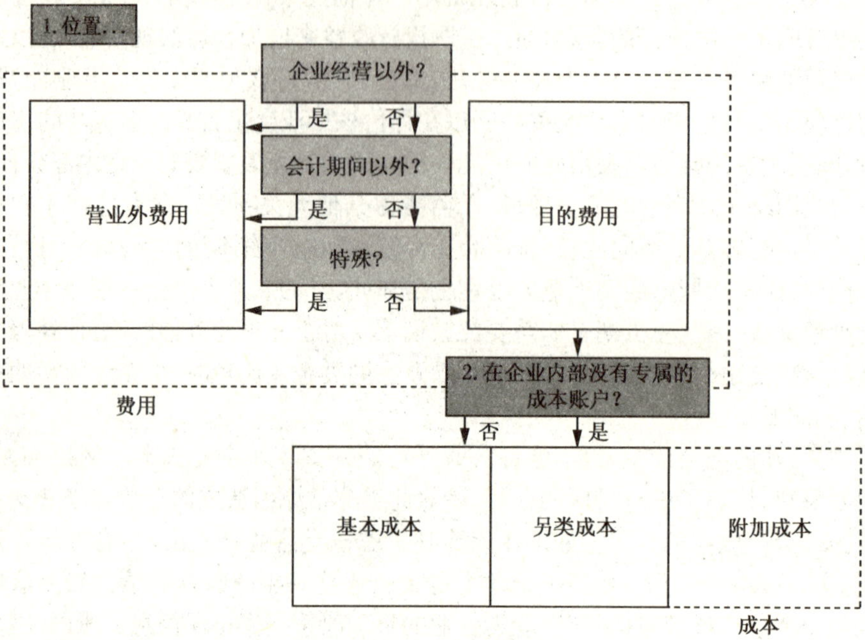

资料来源：参见 Plötner/Sieben/Kummer(2008)，第 10 页。

图 1.2　资源消耗归类的确认步骤

同成本类似，目的收入就是在内部、外部会计报表中数值相同的会计收入项；而数值不同的划归到另类收入，在外部会计报表中没有对应项的收入则称为附加收入，如企业接受捐赠的收入就属于附加收入。

在内部会计中，收入扣除成本便是企业的经营绩效，也就是企业的损益。通过上述讨论，我们知道这一结果并不一定与会计收入和费用为基础的外部会计所得出的结果相一致。

1.4　成本和收入核算的一般过程

对于会计相关专业的学生来讲，要成为一名合格的会计师，必须掌握如何收集与收入、成本相关的变量数据，如何将其系统化并加以核算，以提供有用的财务信息来帮助管理层做出正确的决策。其实上面的陈述已经揭示了成本和收入核算的过程，接下来，我们将具体阐述这些过程。

每天清晨，东海之滨都上演着相同的剧情：以海为家的渔夫在大海深处洒下渔网，等待着鱼儿的到来。某日清晨，渔夫收获不小，其中主要是黄鱼，也有马面鱼、海虾和海星，还有一些垃圾。在回程的途中，渔夫先将捕获物归类到不同的箱子。至于垃圾，渔夫马上就把它们扔到了船外。然后，迎接渔夫的是人声鼎沸的码头：一些当地人和旅客等着购买渔夫的这些捕获物。其中明星产品无疑是黄鱼，由于黄鱼主要是在较深的海湾水域处捕入网中的，因此，该渔夫决定明天要集中在这块区域捕鱼。

与渔夫捕捞过程是一样的道理，成本收入核算必须首先通过对市场的考察、顾客的反应来收集相关的数据。企业中收集数据的主要工具就是簿记，通过簿记的方法，可以列出企业经营活动中与货币相关的部分。而通常，我们所使用的是复式记账法，该记账法早在500多年前由意大利修士卢卡·帕齐利(Luca Paccioli)发明。在给定的账目体系中，为了反映资金运动的来龙去脉，复式记账法将每笔交易记录在两个不同的账户当中(借记和贷记)，这一方法一直沿用到今天。在此期间，只是对账目系统进行了改进，并且将信息系统作为该方法最重要的计算工具和存档媒介，会计电算化的实现大大减少了人工记账的时间和成本的支出。

当然，收集会计信息应遵循完整、准确和及时的原则。此外，根据规范记账的准则规定，每一项经营活动的发生都要有相应的单据和凭证。虽然内部会计不存在此项规定，但是为了实现记录的客观性，应该遵循外部会计中的这些准则。

数据收集完成之后，接下来就是将采集到的信息进行分类和系统化处理。如同上述例子中渔夫扔掉垃圾一样，首先需要先剔除一些与成本收入核算无关的数据，此处我们需要筛选掉与企业宗旨无关的经营活动信息。

数据收集完成之后，下一步就是对数据进行分类。如同上面渔夫按照鱼的种类将不同的鱼分到不同的箱子里一样，我们在数据分类时，会按照某一特定的分类体系(如产品或服务的种类)来进行数据的分类。下列的分类类别在现代成本和收入核算中尤为重要：(1)成本收入类别；(2)成本收入岗位；(3)作业；(4)产品；(5)顾客；(6)企业领域。

对于上述六种分类及其相互关系将在后续章节详细描述，其中对成本和收入数据的系统化通常与其核算过程密切联系。而除了系统化方法之外，我们还将介绍使用的相关核算机制及一些类似方法的区别。

在核算方面，上述分类体系不是相互割裂，而是互为基础的。例如，将成本按照岗位进行核算时，各成本对象的顺序不是随机的，而是按照各自的重要程度来说明。

完成了数据的收集、分类、系统化和核算之后，接下来就是企业决策：根据数据核算所得结果为企业的经营决策提供信息。如上述例子中，渔夫发现黄鱼很受欢迎、需求量很大，那么，在后面几天内，他就决定将捕捞的重点放在黄鱼上。相反，如果企业对某项产品/服务进行成本收入核算的过程中，发现该项产品/服务处于亏损状态，就应该立刻决策，停止该产品的生产/服务的供给。在过去几年中，针对经营决策中以量化为主的那部分操控过程，创造出了一个新的概念——内部控制。但是，在通常情况下，管理控制师无权独立制定管理决策，他们更多的是通过对管理决策实施过程进行监督控制，以此来保证经济成果透明化，从而提供决策支持。因此，管理控制师的中心职能不应该是会计和预算等日常任务，更重要的是一种协调职能，即以一种创新的方法，不断地使企业计划和决策执行者的信息需求与企业内部的信息收集和处理尽可能实现有效率的协调，他对企业经营决策的影响是间接的。

出错的可能贯穿成本和收入核算的每一环节。例如，有可能在数据收集过程中出现失真，或者计算过程发生错误或分类不准确，抑或是在结果分析上出现偏差。通常，这些错误可以归结到工作能力或者工作意愿方面的缺陷。其中，工作能力不足可以归结为使用方法不当或者相关人员能力不足，而缺乏工作意愿往往与相关负责人的不当意图有关，这种例子比比皆是。在外部会计中，错误或偏差主要可以通过审计师或者税务机关来发现，但对于内部会计，却很少有这种可能，因为内部会计和外部会计的受众不太一致。在内部会计中同样存在由于缺乏工作意愿而有意产生不一致的情况，例如，当企业内部会计的经营成果直接关联到员工的年终分红时，相关人员就会采取低估成本、虚高利润的方式，使他们获得更多的分红。

另一方面，根据重要性原则，有些“错误”是在可容忍范围内的，特别是一些核算结果精度问题。因为，从对企业的价值贡献而言，过度追求精确度导致的高成本反而不利于企业的价值创造。所以，在实践中，对于成本收入核算“本身”也要进行“核算”。

链接：顾雏军获刑12年放弃上诉　一审判决生效

昨日ST科龙(000921.SZ)公告显示，由于被告没有提出上诉，轰动一时的顾雏军一案，一审判决生效。即法院认定顾雏军等虚报注册资本、违规披露和不披露重要信息和挪用资金三项罪名成立。顾雏军三罪并罚，获刑12年。同时，顾雏军和格林柯尔还被判向原告海信科龙支付全部挪用资金1.65亿元，案件受理费和财产保全费也由被告承担。

资料来源：《南方日报》2008年8月20日。

与外部会计的情况相反，内部会计的问题很少公之于众。

1.5　成本和收入核算系统

从时间维度出发，核算可以划分为计划核算和实际核算。实际核算是从历史角度出发，核算企业过往的实际经营状况，我们将在下一章节介绍相关核算方法。而计划核算则是站在面向未来的角度，预测企业未来的经营状况，在第3章中我们将对其基本特点进行阐述。但是现实中，计划核算不仅仅是作为计划制定工具，还经常被用于指导和控制企业的各种行为，例如，通过成本计划可以加强企业的成本管理、降低运营成本，从而提高企业的成本竞争优势。

企业通常同时实行计划核算和实际核算：一方面计划的实行可以纠正实际情况中产生的偏差，企业可以通过分析该差异产生的原因，达到成本控制的目的；另一方面，企业可以根据实际情况来修正计划中不符合实际的内容，以便计划真正发挥指导和约束作用，确保计划目标的实现。显然，只有当成本和收入数据是通过同种方法获得时，这一分析才是有意义的，否则就不能确保这些数据之间具有可比性。

我们可将核算体系分为纯成本核算和业绩核算。在业绩核算中，通常是根据考察对象的成本项所对应的收入项来收集企业的绩效信息，这个方法虽然可行，但是存在一个问题：为什么不在纯成本核算时就一并核算对应的收入呢？何必多此一举，另外进行业绩核算呢？原因在于，有些成本对应的收入很难具体量化。例如，对于“建筑采暖”这一成本岗位，企业会分别制定一份计划核算和实际核算，但是这一成本岗位带来的业绩却很难估算。

同样，核算体系还可划分为完全成本核算和变动成本核算。在完全成本核算中，企业把一定期间内在生产过程中所消耗的直接材料、直接人工、变动制造费用和固定制造费用的全部成本都归纳到产品成本和存货成本中去，但在变动成本核算体系中，企业把固定制造费用列入期间成本，并不列入产品成本的核算范畴。

而企业在决策时，只考虑那些与列出的对象有直接责任关系的成本项。下面的例子可以帮助大家理解这一区别。

飞机制造厂今年制造了三架飞机，而且这三架飞机所使用的发动机从外厂购入，这样发动机成本可以明确找到对应的飞机，在完全成本法和变动成本法下一样，都可以把发动机项列入成本。对于“CEO的薪资”这一成本项就不同了，由于“CEO的薪资”的成本不能一一对应地记录在不同的对象飞机下，所以在变动成本核算中就不会考虑这一成本项。在完全成本法下，我们还是应该把它列入三架飞机的成本。

1.6 成本和收入的一般划分

成本可以按照不同的标准进行划分。按照是否能直接归属于生产产品，将成本划分为直接成本和间接成本。如果成本和对象之间存在一一对应关系，我们就将这类成本列为直接成本，否则就列为间接成本。

当然，如果研究对象是企业整体，那么所有的成本支出都是直接成本。但是如果研究对象是单项产品，那么不可能所有的成本都是直接成本。例如，上述飞机制造案例中的三架飞机，我们不能把所有的成本都作为直接成本，CEO 的薪资就只能算作间接成本，因为他和飞机之间没有直接关系。因此，在使用直接成本和间接成本概念前，企业首先要明确所考察的对象。如果没有给出考察对象，那么在相关文献和实践活动中，默认把生产的产品作为对象。而对于产品的间接成本，需要考察与该间接费用消耗相关的作业动因，选择作业水平，然后对间接成本按照不同的作业动因进行分类和归集。

在 1.5 节中我们已经提及，在完全成本核算体系下，存在将间接成本进行分配的方法。例如，将间接成本按照各相关产品对象所取得经济收入的比例来划分。按照这种原则，在前面例子中，能够获取较多收入的飞机将承担更多的间接成本(如高管薪资)。还可以采用平均原则来进行成本分配，也就是将间接成本平均分配到各个相关对象。例如，上述飞机制造厂例子中，每架飞机承担 1/3 的高管工资。另外通过这一方法，也可以解释为什么在成本核算时，总是将实物作为成本载体。

按照直接责任归属原则，对成本进行分配的过程中还可以区分伪间接成本以及伪直接成本。所谓伪间接成本，是指虽然该成本可以直接归属于某一特定实物，但是，出于效率的考虑，不会将成本归集到该实物的直接成本范畴，如果据此对成本进行精确的分配，会计系统的效率就会降低。而伪直接成本，是指虽然成本的产生与涉及对象没有明确的责任归属关系，但是从实际出发，仍将其当作直接成本。

同样，我们也将收入分为直接收入和间接收入。直接收入，即可以明确该收入产生的来源对象；而间接收入却不能。例如，在前面例子中，飞机制造厂将三架飞机分开销售，则每架飞机都有与之相对应的收入，这些收入就是所谓的直接收入。然而，如果这三架飞机只是打包出售给某航空公司，那么我们就得不到每架飞机对应的售价。因此，对于这种情况，如同对间接成本的分配，我们需要找出一种可行的分配方法，将收入分配到对应的产品上，例如根据平均原则将收入平均地分配到每架飞机上。

此外，我们将介绍内部会计中另外一种成本和收入的分配原则，即根据成本、收入与价值创造过程之间的关系，我们将成本、收入划分为固定成本和可变成本以及固定收入和可变收入。根据定义，固定成本和固定收入不随销售数量的变化而变化，而可变成本和可变收入则是随着产出水平变化而变化。

例如一名大学生使用动感地带音乐套餐业务，每月的月租功能收费是26元，其中包括赠送160条网内短信。此处的26元就构成了大学生每月的固定成本，而对移动公司来说就是固定收入。如果该学生每月发送的短信数超过160条，那么超过的短信条数所产生的支出就是学生每月的变动成本，对于移动公司而言就是变动收入。还有就是学生的通话时间所产生的支出对学生而言是变动成本，对移动公司而言就是变动收入。

在生产过程中，可变成本随着生产活动的不断投入、产量的提高而上升。而对于固定成本而言，它是生产之前的准备活动所产生的成本，即前期成本，与生产过程的生产物资投入无关，例如，机器设备、厂房、办公设备以及管理人员薪资投入都属于固定成本范畴。因此，固定成本是指成本总额在一定时期和一定业务量范围内，不受业务量增减变动影响而能保持不变的成本。在后续核算中，我们约定前提条件：固定成本保持不变。但是，这一前提条件在实践中具有一定的局限性。因为随着科学技术的发展，企业的厂房设备需要不断的更新，以保持企业生产制造的高效性。所以接下来的讨论中，我们规定固定成本不变的适用期限是一个月。

站在专业的角度，绩效以及产量也是广义上的“生产活动”，很多文献中都提到过这一点。从这个角度出发：可变成本和收入通常被认为是与“与生产活动相关的”，而固定成本则是“与生产活动无关的”。一般“生产活动”意味着企业产能的利用情况，通常用“开工率”来表示。如通用东岳整车生产基地的产能为每年40万辆，而今年只生产了20万辆，则可以说通用东岳今年的开工率为50%。

然而，狭义的固定成本还存在一个局限：当产量在一定限度内，固定成本不变；但当产量增长到一定限度后，固定成本就跳跃到一个新水平，即固定成本随产量的变化而呈跳跃式增长。例如，制造企业流水线作业，一条流水线有最大的生产速度和产出限值，如果此时要求的产量超出此限值，企业只能通过购买新的流水线来提高产量，由此引起固定成本的跳跃式变化(见图1.3)。值得注意的是，在之后产量减少时，所增长的这些固定成本是无法撤销的，至少在短期之内做不到，我们将这类成本称为剩磁成本，其本质可以贴切地用“只上不下”来形容。

成本变化与产量的关系通常用百分比来表示，即成本上升多少百分比，相应的增加多少产量。虽然这种线性关系计算方便，但是现实核算中却很少使用，因为还存在另外两种关系。首先，由于规模效应的存在(如大规模采购的批发折扣等)，实际中成本增加与产出的关系往往是递减的关系，即可变成本的增速小于产量的增速。此外，可变成本的增长程度也有可能大于生产的增长程度，我们称这类情况为递增的成本变化过程，员工的加班就属于这类情况。因为对企业来说，所需支付的加班费一般是普通工作时间的1.5倍或2倍，远远超过加班所带来的企业业绩提

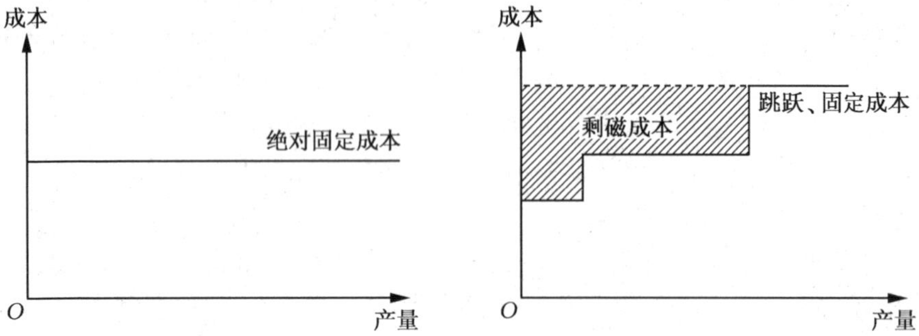

图 1.3　固定和跳跃固定成本的函数曲线

高而引致的企业生产增速。

我们将相对成本变化和相对生产活动变化的比值称为可变成本的敏感度，通过这一敏感度，我们可以区分不同的可变成本。图 1.4 表示各种可能的成本变化过程以及对应的可变成本敏感度。

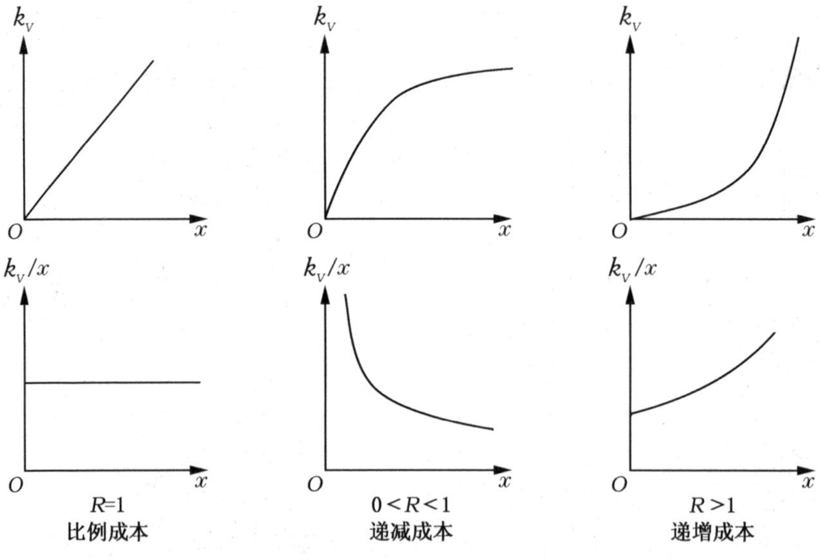

$$R=\frac{\text{成本变化百分比}}{\text{产量变化百分比}}$$

说明：
K_V—可变成本
x—产量
R—敏感度

图 1.4　按比例、递减和递增的可变成本函数

不同的生产活动强度对应不同的固定成本和可变成本，两者总额就是企业的总生产成本。从最简单的线性关系来看，总成本对应的是一条在第一象限向右上方倾斜的直线，该直线与 Y 轴的截距即为固定成本，而 S 形的变化过程是更为贴近实际的，数学上的表达公式是一个三次有理方程式(见图 1.5)。考虑到不同生产领域的企业特性不同，对应的固定成本跳跃式变化的不同以及各种可变成本的不同变化过程，加上企业在采购原材料时供应商给予价格折扣的不同，因此企业的实际总成本函数表示的是一个复杂得多的成本变化过程。

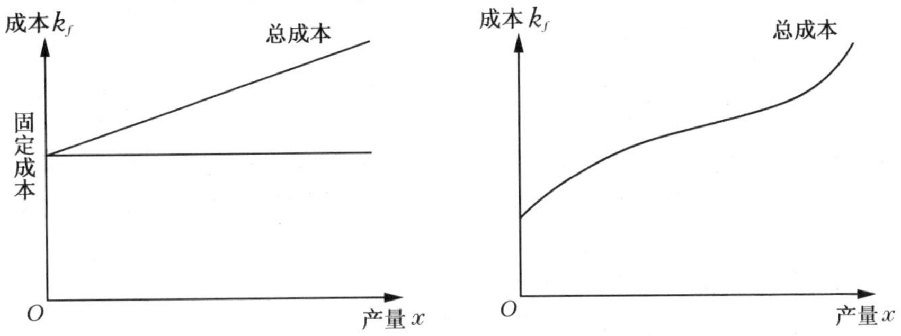

图 1.5　线性和 S 形的降级成本函数

接着我们要引进一个重要的概念:产品的单位成本，即将总成本除以产品的总量。大量的文献和实务处理表明:通过产品单位成本提供的决策信息，管理者要慎重考量。

总成本包含固定成本和可变成本。由于固定成本在一定阶段的不变性，所以随着产品产量的提高，对应的单位固定成本下降。当固定成本为 20 万元时，若只生产一件产品，那么该产品的单位固定成本即为 20 万元。如果生产1 000件，那么该产品的单位固定成本即为 200 元。而如果生产2 000件，那么单位固定成本就仅为 100 元。因此，为了节约企业总成本，除了想方设法降低可变成本，还可以通过适当提高产量来降低单位固定成本。当然多数经验表明，企业不能盲目地扩大产量，以此来提高销量，因为这样很容易导致市场供过于求，导致企业大量存货的堆积，现金不能有效盘活。图 1.6 用图解的形式表示了与生产活动相关单位固定成本的变化过程。

提到可变成本，还有一个重要的相关概念就是边际成本，它表示每增加一件产品所对应的成本增量，即单位可变成本。在计划核算的一些计算方法中，单位可变成本非常重要，在数学上，边际成本对应总成本曲线的斜率。

同样对于收入而言，有固定和可变收入之分。回到之前提到的动感地带音乐

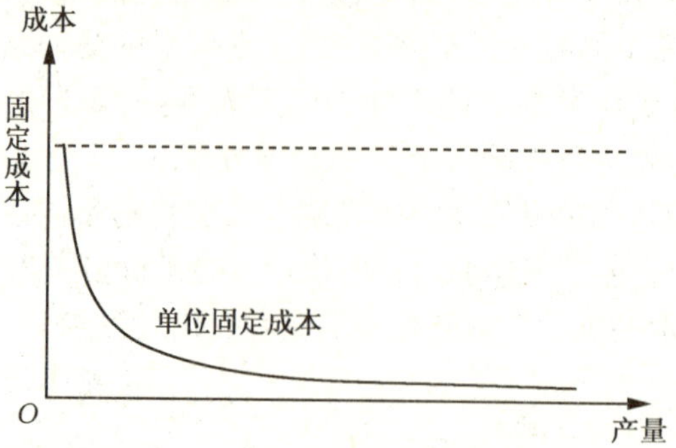

图 1.6　单位固定成本函数

套餐例子，我们将学生每月的通话时间看作“产量”，移动公司通过手机通话获取可变收入。通话的时间越长，移动所获得的可变收入就越多。而学生每月固定支付的 26 元月租功能费是移动公司的固定收入。

随着世界经济的发展和全球化的来临，正确区分企业的可变成本和固定成本变得越来越重要。由于经济的不稳定性，造成销量的波动性，面对市场的众多不确定性，企业面临着巨大的挑战。人们甚至抱怨，许多工业国根本就没有生产成本问题，它们有的只是生产的固定成本问题而已。因此，自 20 世纪 90 年代以来，追求规模扩张的企业越来越重视降低成本问题，总是想方设法寻找降低成本的渠道，如按照产销量来支付供货商的货款。同时，在某些行业中，人们也试图引进固定收入的概念并提高它在总收入中所占的比重。这里，我们可以将移动公司的价格政策作为参考的例子，通常，移动公司在提高月租功能费时，都会降低额外计算的通话时间费用。

还有一种成本和收入的分类法是将其划分为相关和非相关。相比于前面提到的各种划分方法，这种分类法在相关文献中较少提及。但是，在实务中，这一方法非常重要，能为企业短期决策提供重要的财务信息。通过相关和非相关的区分，可以清楚地了解企业经营决策对企业支付的成本和所获得收入的影响，例如，企业在决定是否引入一项新产品时，通常有两种策略可以选择：“采用决策”和“弃用决策”。在决策过程中，影响新产品决策的成本和收入即决策相关的成本和收入；而对决策不产生影响的就是非相关的成本和收入。相关成本表示在经营管理决策分析时必须加以考虑的各种形式的成本，但是“沉没成本”(已经支出的成本)即使对于企业决策十分重要，它也不是决策相关成本。虽然如此，沉没成本在企业管理中还是具有非常重要的意义。

链接：东风标致雪铁龙正式承认将裁员千人

记者昨日获悉，由于国际金融危机严重冲击欧美车企，以及今年国内汽车销售逊于预期，这些企业在中国国内建立的合资企业纷纷作出裁员和调低今年产销计划的调整。昨日，东风标致雪铁龙正式承认裁减 1 000 人，这已经是第四家卷入减员消息的车企，不过本地的广汽集团则暂时未有类似计划。

四家车企均传来减员消息。

据悉，东风标致雪铁龙这次裁减的工人属于临时工人，公司方面将在 11 月 1 日合同到期后不再和他们续约。之前，该公司一共有 9 000 多名员工。标致雪铁龙今年第三季度营业额全面下滑，其中集团车型在中国市场的上牌量下降了 6%。

除了东风标致雪铁龙外，奇瑞汽车、长安福特、江淮汽车日前也陆续传来裁减人员的消息，但是多数企业未予以承认。

业内人士指出，这次裁减人员和国内汽车产销增速放缓有关。据中国汽车工业协会的统计，前 9 月内地汽车产销超过 700 万辆，但是增幅还是比前 8 个月进一步回落。另外，今年汽车出口量也在 8 月首次下跌。

记者昨日从广汽一名联系人处获悉，广汽暂时未有类似减员计划。

车企近月来频频传出减员消息，被裁者往往是临时工。知名汽车行业分析师贾新光对本报表示，目前这种减员旨在压缩成本，减少管理费用。

资料来源：《广州日报》，2008 年 11 月 7 日。

最后，我们还可以将成本分为初级成本和次级成本。初级成本是指企业相关产品生产所耗费的原材料或服务是从外部采购所得，例如产品生产所需要的机器设备是从企业外部购得，当生产开始时，将每一生产阶段对应的机器设备折旧费用分配到产品的生产成本上，这就是所谓的初级成本。而次级成本是从企业对自有资源的有效使用出发，通过消耗企业内部生产的产品或者提供的服务来进行产品生产。例如，通过企业人事发展部门自行组织的研讨会来讨论企业的人事发展战略，从而省去外聘咨询公司的费用；或者整车企业在提供售后维修服务时，员工通常会采用企业自行生产的相关零配件来进行维修。次级成本总是与初级成本联系在一起的，例如薪资或材料的成本费。在下一章中的成本分类核算法中将涉及初级成本的概念，与企业内部绩效有关的次级成本核算可以在诸如成本岗位核算中延伸为多个步骤。

图 1.7 总结了上述四种成本分类的最主要特征。

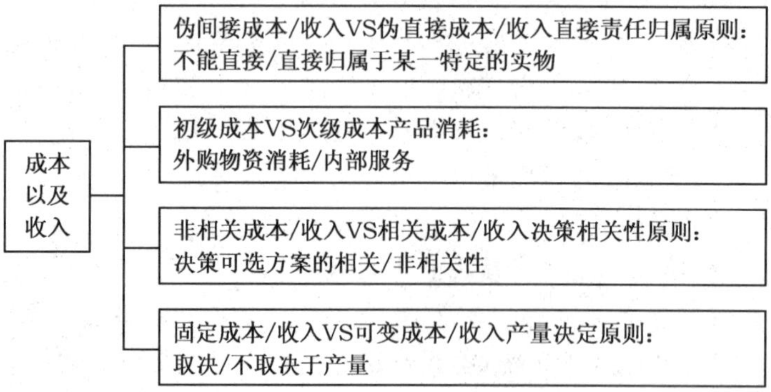

图 1.7　成本和收入的基本分类

1.7　成本核算的简单运用

在正常的经营情况下，企业为了能够准确地制定相关决策，需要一些分析工具。前面介绍的一些概念和系统化方法是本书介绍的第一批重要分析工具，他们通过对成本和收入的核算为企业提供决策相关信息。但是在这个过程中，业务活动的成功与否仍是一个首要核心问题。如上所述，企业经营业绩一般都取决于企业的价值创造，即由收入和成本差值得出的企业经营利润，而收入和成本本身也是由不同变量构成的。

众所周知，最简单的收入核算是通过单价乘以销量，这一关系可以用一条过坐标系原点的不断向上倾斜的直线表示（见图 1.8）。而对于总成本的计算来说，销量同样重要，当然，仅限于可变成本部分，总可变成本等于单位可变成本乘以销量。因此，销量与总可变成本的关系是正相关，销量上升，总可变成本增加，销量下降，总可变成本也随着下降。然而，对于固定成本，不管销量如何变化，固定成本总是维持在同一水平，即使企业停产，固定成本仍然存在。为了方便起见，我们假设不存在跳跃式固定成本，并且可变成本的变化与销量的变化成正比，那么根据图 1.9 所示，我们就可以在成本和收入之间建立函数关系。

在收入和成本函数的基础上，我们将引入一个重要的概念——盈亏平衡点，顾名思义，就是收入函数和成本函数的交点。在盈亏平衡点上，收入刚好涵盖成本，企业的盈利为零。这一点是企业迈向盈利的门槛，只要销量超过盈亏平衡点对应的销量水平，企业就能获得利润。我们可以用下面的等式来表示其中的关系：

固定成本＋单位可变成本×盈亏平衡点对应的产品销量＝产品单价×盈亏平

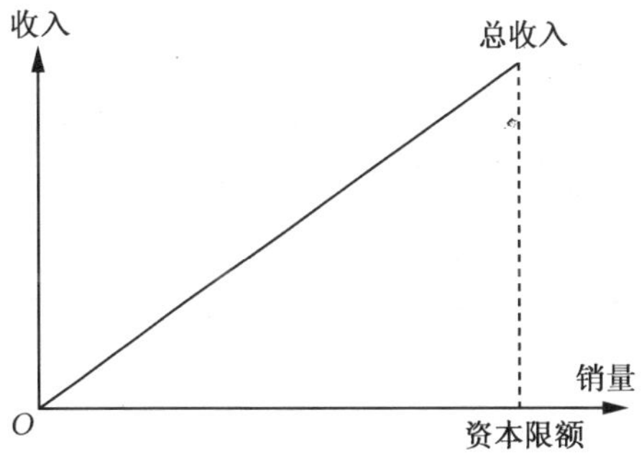

图 1.8　线性销售函数

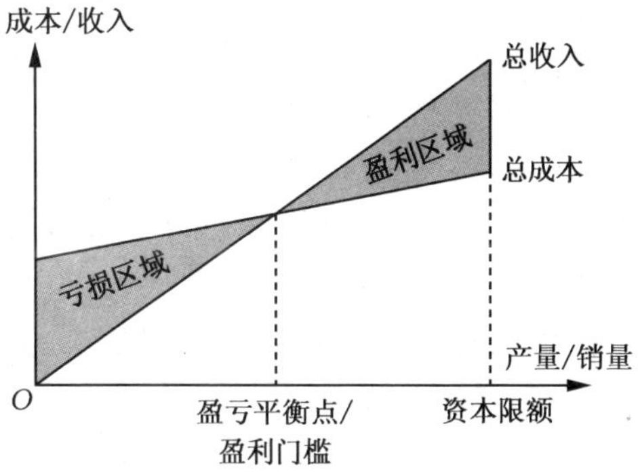

图 1.9　综合考虑线性成本和收入函数

衡点对应的产品销量

我们将用这一等式进行的运算称为盈亏平衡分析。对于销量决定一切的制造企业来说,盈亏平衡分析法是企业进行计划和决策的一项有力工具。接下来,我们将用具体例子来说明这一点。

某大学每周五都会在学校大礼堂放映最新的热门电影。某大学生有一个创业点子,他想在大礼堂前面设立一个摊位来出售点心。他预计每一块点心的可变成本(原料和烤制的成本费用)为 1.5 元,每月的固定成本为1 000元(摊位租金 800 元,租用烘烤设备 200 元;为了方便起见,在该例子中省去了其他的成本要素),该学生准备将每块点心定价为 3 元。现在他想知道,达到盈亏平衡点时,他每月需卖出多少块点心。

通过运用上述公式,他得出了以下结果:

盈亏平衡点对应的销量=固定成本/(单价－单位可变成本)=1 000 元/(3 元－1.5 元)=667 块

但该学生担心他每个月卖出的点心不可能超过 500 块。因此他想知道,如果只能卖出 500 块,那么他需要把每块点心的单价定为多少,才能达到盈亏平衡点。

通过运用上述公式,他得到了以下结果:

盈亏平衡点对应的价格=(固定成本/盈亏平衡点对应的数量)+单位可变成本=(1 000 元/500 块)+1.5 元/块=3.5 元/块

如果该学生确实把每块点心的价格定为 3.5 元,并且在一个月内超过预期卖出了 750 块。那么,我们也可以根据已知的数据,来算得该摊位的损益情况:

损益额=收入－成本=(单价×数量)－(固定成本+单位可变成本×数量)=(3.5 元×750 块)－(1 000元+1.5 元×750 块)=500 元

因为其操作简单，而且它的假设前提也比较简单，因此盈亏平衡分析被广泛应用在企业短期决策中，如上述例子中，可以将企业的收入项和成本项一一对应列出。但是盈亏平衡分析的前提条件也正是它的缺陷所在，一般情况下，收入和成本函数不是线性的，而是曲线。此外，可变成本与销量的严格正比也是不现实的。另外，受到市场需求饱和与企业产能限制，生产量和销售量也不可能无限制地上升；而且随着生产量和销售量的上升，必然会出现固定成本跳跃式的增长。此外，由于规模采购时折扣的存在和一些特殊价格条件，在收入函数模型中假设的比例也不太可能。最后，值得注意的是，该模型只适用于单一产品分析。

对于多品种产品分析，需要知道每一类产品对应的那个销量、售价和相应的成本，然后分别处理。但是这样处理往往会出现一个问题：某些成本是涉及多种产品，不能归属于单一产品，而在完全成本核算中却需要分别计算每一类产品的收入情况时，就会出现问题。

为了说明上述问题，我们继续引用上述大学生创业的例子。假设，经过一个月的运营，该学生发现，顾客除了对点心的需求，还有对奶茶的需求。因此，学生决定除了提供点心，还提供奶茶。然而，如果月末学生要核算奶茶和点心销售对应的收入时，摊位的租金应该如何划分呢？事实上，摊位的租金成本应该是“奶茶”和“点心”这两种产品的间接成本。也就是说，无法将这一成本项直接归入某一产品下。由于在完全成本核算中，所有的成本项都有各自对应的载体，所以该学生必须找到一种分配的方法。他既可以将租金平均分摊给这两种产品，也可以根据销售贡献原则，按照各项产品取得的销售收入来进行分配。

在间接成本分配的时候，要区分产品贡献和企业利润。前面创业例子中，因为只有一种产品的销售，所以不存在间接成本的分配问题。下面我们通过将该例子进一步深入来解释什么是产品贡献，什么是企业利润。

假设奶茶和奶茶专用杯子的成本费为每月 1 000 元，并且在一个月内能卖出 600 杯奶茶，每杯 4 元。那么产品“奶茶”的贡献即为：

贡献＝收入－直接成本＝单价×数量－“奶茶”的直接成本＝4 元×600 杯－1 000元＝1 400 元

假设产品“点心”的成本和销售情况同之前给出的一样。那么产品“点心”的贡献为：

贡献＝收入－直接成本＝单价×数量－“点心”的直接成本＝单价×数量－烘烤成本＝3.5 元×750 块－(1.5 元×750 块＋200 元)＝1 300 元

如果摊位的租金为 800 元，且没有其他的间接成本(虽然这一点不符合现实情况，但为了简化例子，我们暂且这样假设)，那么该摊位的利润额为：

利润额＝每种产品的贡献－产品的间接成本＝1 400 元＋1 300 元－800 元＝1 900 元

产品贡献和利润是两个不同的概念。产品贡献是衡量产品总体损益情况的指标，但是并未扣除相关产品的间接费用。

对于同质产品，我们通常可以根据单位产品的贡献来推断相应的同一类产品的贡献。如果一家企业经营多种产品时，可以通过将每一类产品的贡献相加，从而获得企业总的贡献。此外，计算贡献的时候，并不一定要将直接成本和间接成本进行区分。通常情况下，我们采用直接成本法，即直接将收入和可变成本的差值作为贡献。通过这一方法可以正确揭示产品销量和成本变化之间的关系。

虽然直接成本和可变成本有可能相同，但这并不是必然的。这一点在联合生产中尤为明显，例如福特汽车公司购买的钢材既可以用来生产野马汽车，也可以用来生产金牛汽车。钢材原材料的消耗随着汽车生产数量的变化而变化，因此是可变的，但是不能直接将这笔原材料费用归入其中任何一种产品下。

对于上述情况，当可以明确归为直接成本的项目无法确定对应的具体产品时，企业通常是采用直接成本法来处理。还是采用上述创业案例，面粉的消耗成本随着点心的增加而上升，因此是可变的。但是，由于该学生并不是根据每一位顾客的需要来分别购买面粉，因此我们无法将这一笔费用直接归到某一块具体的点心上，所以才有了我们之前关于每一块点心的可变成本为 1.5 元的假设(此外还给出了产品总可变成本)。

在表 1.2 中，再一次分别列出了直接成本法和直接成本核算法计算贡献相关的计算过程。通过上述的说明，我们知道企业在做某些决策时，可以根据相关产品成本和收入来计算该产品对企业的贡献。这种方法可以帮助我们弄清以下问题：企业是否应该加大产品的销售投入(如通过雇佣更多的销售人员)？是否应该进行新产品开发？是否应该引进新的产品生产线？正如点心创业的那个案例，如果该学生发现摊位销售模式是有利可图的，那么他就会考虑是否可以在其他院校租用同样的摊位。为了正确地分析这个想法是否可行，他需要分析新摊位所能带来的相关收入以及相关成本，然后通过两者的差值分析该决策的利益贡献，如果差值大于零，则可以考虑实行这个方案。如果差值为负，就放弃该方案。

表 1.2　　按照直接成本法和直接成本核算计算的贡献

	直接成本法	直接成本核算
单位产品贡献＝	单位产品收入/单价－单位可变成本	单位产品收入/单价－单位直接成本
同类产品贡献＝	同类产品贡献×同类产品销量	单位产品贡献×销量

续表

	直接成本法	直接成本核算
期间总贡献＝	全部贡献总和	全部贡献之和
期间利润＝	总贡献－固定成本	总贡献－间接成本
盈利门槛	总贡献＝固定成本	总贡献＝间接成本

第1章的核心内容

1. 会计学用货币单位来表示企业的运营流程和现状。同外部会计学不同，内部会计学首先是针对企业内部人员。

2. 所涉及的信息都是企业机密，它们真实地反映了企业在某一期间经营成果的现实情况。

3. 成本是对企业物资消耗的价值评估。其中，“物资”也包括服务，而收入则是对与企业目标相关产出的价值评估。

4. 成本收入核算法的第一步是要获取核算的相关变量；第二步是对获取的数据进行系统化处理并加以计算；接下来便是对其进行分析，并将之用于企业操控。

5. 在成本收入核算中，需区分计划核算、实际核算、纯成本收入核算以及完全成本核算和变动成本核算。

6. 我们可以按照可变和不可变的原则，也可以根据相关和非相关、初级和次级以及间接和直接的原则来对成本和收入进行分类。

7. 通过计算损益平衡数量，可以确定，企业须售出至少多少产品，才能获得利润。

8. 在贡献核算法中，无需将间接成本和固定成本归入某一具体的产品下。贡献指的就是用于抵消这些无法确切归类成本的那部分收入。

第 2 章　成本和收入分类核算法

成本和收入分类核算的基础是对成本和收入系统化过程中涉及的物资进行盘点和登记。例如，房产中介中的那个大学毕业生如果想知道公司的经营成果，就应该进行上面的这一步工作(参见 1.2 节)。因此，企业规模越大、涉及的产品纷繁复杂或者提供的服务类型多样化，那么对应的盘点工作所耗费的成本就越高、盘点工作越复杂。

上海威斯汀大饭店坐落于上海外滩，该酒店为顾客提供包括餐饮、住宿在内的各类相关服务。此外，该酒店还配备了宴会厅，顾客可以在这里举行婚礼或其他庆祝活动。可以肯定的是，这些经营活动可以给酒店带来利润。但问题是，利润究竟有多少，具体是哪些，并且与酒店这些业务相关的成本又有哪些？例如，在酒店的厨房间内每天要消耗几千克的大米、肉和蔬菜，假设在那里工作的有一个厨师长、四个不同等级的厨师以及两个轮班的洗碗工。为了维持厨房正常的运作，天然气、电和水是必不可少的。所有的这些都导致了与企业目标相关的物资消耗，即产生了成本。此外，燃气灶、电炉、炸锅以及冰箱等会随着使用年限的增加而产生损耗，在某种程度上，这也是一种物资消耗。

所谓的成本和收入分类核算法就是上述这些类似物资的盘点过程，该核算法的核心是：在生产经营过程中，企业发生了哪些支出？支出的金额是多少？相应取得了哪些收入？收入的金额又是多少？

在下面的章节中，我们将首先讨论成本分类核算法，并进一步探讨第一个核心问题。

2.1　成本分类核算法：方法和过程

在生产经营过程中，企业发生了哪些支出？支出的金额是多少？为了回答这两个问题，企业要完成两项任务：首先，需要全面、完整地收集和记录与企业经营活动相关的成本支出；然后，要从适用的角度出发，对记录的成本支出项目进行分类。

成本分类核算法对企业经营有两项重要的功能：信息功能和准备功能。

成本分类核算法的信息功能使得企业成本的相关信息透明化，信息透明化使企业能够进行成本结构分析。通过成本结构分析，企业可以随时查阅任一经营期间各成本项的比例；此外还可以对成本进行趋势分析，来纵向比较企业在不同经营期间的成本水平变化。另外，还可以对各行业领域作国内外的横向比较。

成本核算法的另外一个功能就是准备功能。顾名思义，通过成本核算可以为成本岗位核算、相关产品核算以及企业的经营活动业绩核算做准备。例如，当企业需要计算当年的净利润时，成本无疑是其中最重要的核算项目之一。而且通过成本核算的结果可以清楚看到企业内部成本控制的效果，这是评价成本控制师的基准。

首先，我们需要先明确一个原则，即成本分类核算所涉及的成本项只包括企业从外部获得的物资或者服务的消耗。因此，在成本数据的收集阶段或者是接下来的成本分类阶段，都应该遵循这一原则。

在收集成本信息数据时要遵循分期核算成本的原则和“成本正常化原则”。成本核算首先要将收集到的相关成本信息按照时间序列进行整理。通常，企业为了取得一定期间所生产产品的成本，必须将连续不断的生产活动按一定阶段（如月、季、年）划分为各个时期，分别计算各期产品的成本。成本核算的分期，必须与会计年度的分月、分季、分年相一致，这样可以便于利润的计算。此外，在进行成本核算时，必须对各个成本项目进行物资消耗估量，其间往往会由于各种各样的原因使得估计值与实际值产生偏差，或者是由于某些偶发性事件导致某一时期的成本数值发生突变，有些信息偏差根据重要性原则可以忽略不计，然而我们必须考虑那些由于非正常原因导致的成本异常现象。例如，南京市某一工厂由于突发性机器爆炸导致相关机器设备的报废，会计的账面处理是直接全额计提折旧，对于这些会影响成本数额的异常因素，我们要将其消除。因为正如第1章中所说的，内部会计处理的业务是那些“正常的”经营活动，而对于这种爆炸等非正常性活动，如果考虑其对企业损益的影响，会导致企业业绩衡量失真。还有例如对于中石油等特殊行业，由于原材料或产成品的价格起伏受众多因素的影响，经常处于剧烈的波动中，所以企业可以采取估测其平均值的方法。为了协调企业间由不同的法律形式（特别是经理人的核算工资）、资本结构（特别是核算利息）或所有权关系（特别是核算租金）等引起的差别，在剔除非正常因素的过程中，还可以做出其他一些相应的调整。

成本分类核算中应该遵循的分期核算原则还是“正常化”原则，这取决于对应成本信息的重要性原则，即这些信息对于企业总体的影响程度。由于企业目标设定的不同，上述原则在不同企业的侧重点不同，但是总的来说，这些原则之间不是相互排斥的关系，而是互相补充，共同为企业的成本核算服务。

为了确保企业的正常运营，需要从人力、物力和财力等方面投入相应的资本，为此，成本核算中的一条基本成本分配原则是，根据所耗费的投入要素可以将成本划分为人事成本、材料成本、资本成本（利息）以及折旧费用等不同的类别。在第3章我们将介绍另外一种成本分类方法，即按照企业的各个职能部门，例如采购部门、生产部门、销售部门、行政部门等将成本划分为采购成本、材料成本、生产成本、销售成本和管理成本等，这种分类方法为成本岗位核算做了准备。对于这种分类方法，仍然存在一些问题，例如人事费用或者机器和厂房的折旧费用，这些费用是否有直接对应的产品对象？如果有，其对该类产品的影响是直接的还是间接的？我们应该将其划归到直接成本范畴还是间接成本？在这一过程中，需要观察的具体对象则取决于成本核算（如成本岗位核算、作业成本法和产品核算）中接下来步骤的具体组织形式。在这些步骤中，无论成本与所涉及对象是直接关系还是间接关系，我们都将其分配到具体的对象下面，这一点不再与成本分类核算相关。

此外，还有一种收集成本数据的方法，就是通过区分基本成本和核算成本两种类别（关于这些概念请参见1.3节），通过这种方法整理出的基本成本数据既适用于外部会计，也适用于内部会计。而内部会计核算成本构成中特殊的成本项数值，与外部会计中核算的费用数值不一致，这就需要进行相应的调整。

在完成了上述的所有核算过程之后，我们引入成本分类表，按照不同的成本类别分别记录相应的成本，并将其系统化，这就是会计学中所谓会计科目的使用。对于不同的企业，相应的会计科目需要按照财政部公布的《企业会计准则——应用指南》中的会计科目框架进行调整，调整包括了外部会计和内部会计对应项数值不同的调整。对于外部会计中的对应项，这些会计科目框架在数值上与之相等或不等的成本项拟订了不同的账目等级，并且包含针对不同成本类别的分类建议。由财政部公布的工业一般会计科目框架为基本成本拟订了账目等级5，并在表2.1中再次给出了成本项的分类。

表2.1　　根据一般科目框架划分的成本类别

5	成本类
5001	生产成本
5101	制造成本
5201	劳务成本
5301	研发成本
5401	工程成本
5402	工程结算
5403	机械作业

接下来，我们将讨论如何根据消耗的要素来区分企业的特定成本项，并对一些区分方法进行探讨。首先，我们将讨论对于给定的成本项应该使用哪些特殊的核算方法。

2.2 一些特定成本类别的确认

2.2.1 材料成本

只要企业进行产品生产或者提供服务，就会产生相应的物资消耗，这就是会计上所谓的材料成本。不同企业对于材料的需求不同，同一企业在不同的产品生产时需要的材料也不同，对于一个制造企业来说，为了完成一项产品的生产所需要的材料是纷繁复杂的，所以核算人员会进一步根据材料的种类和质量等对各材料成本进行进一步细分。工业企业的核算人员往往将材料进一步细分为原材料、辅助材料和低值易耗品；而在商品流通企业材料成本主要就是指销售的商品。

接下来，我们按照工业企业和商品流通企业的材料分类来逐一讨论企业消耗的物资：对于工业企业来说，原材料是形成产品主体的物资，例如生产纸包装产品，即各种运输外包装纸箱产品的企业，主要原材料就是各种纸张，如箱板纸、瓦垄原纸等就是形成产品实体的原材料，这些物资的消耗构成产品生产的直接成本。辅助材料是帮助、促进形成产品的物资，例如对于上述包装企业而言，黏合剂和扁铁线就是辅助材料。多数情况下，企业可以确定辅助成本的精确数值，因此，一般辅助材料消耗引发的不是真正的间接成本，只有当辅助成本的数值不能精确确定时，才是真正的间接成本。最后是低值易耗品，低值易耗品是指不作为固定资产核算的各种用具物品，如工具、管理用具、玻璃器皿以及在经营过程中使用的包装容器等。由于低值易耗品的价值通常较低，所以会计处理时将其价值一次性转作生产费用或有关支出，计入当期损益。对于商品流通企业，所谓的商品就是指企业为了赚取差价从外部购得，之后被企业转售的产品。企业并不会对商品进行再加工，只是会额外提供某些配套服务，如送货服务或售后服务等。所以，商品流通企业收入的实现是和直接产品成本相联系的。

而所谓的成本核算就是将上述物资材料的耗费具体量化，这个量化的过程涉及财务会计、库存会计以及生产计划等。

为了正确衡量当期生产过程中一定产量所耗费的原材料，需要通过库存会计相关知识进行解答。而库存会计的职能就是通过采用不同的存货盘点法对生产所耗费的物资进行计量。但是考虑到时间成本、存货跌价等各种不确定因素，所以企业在对原材料或存货进行价值盘点时，往往采用不同的估价标准，可能选择历史购买价格、固定价格或者重置价格。此处，我们需要注意的是，这里的材料成本仅指外购物资的消耗价值，不包括生产成本（关于生产成本的确定请参见第 6 章）。我们这里提到的购买价格不仅包括购买原材料的花费，还包括运费、包装费和保险费，而且考虑了相应的采购折扣。有时，为了应对市场上价格剧烈波动的情况，企业会采用固定价格，在严重通货膨胀时期，重置价格可以正确反映货物的价值。

采购的原材料不可能立刻被用于生产，所以需要将尚未投产的原材料进行储存。如果不同时间购入的材料是分开储存的，而且不同时使用，那么就可以进行独立评估。但是如果投产过程中使用的是不同时期购进、价位不同的材料，那么就需要采用特定的存货计价法进行计价。我们按照物资消耗的顺序将存货计价方法分为四种。

1. LIFO 法（后进先出法）：假定后收到的存货先发出或后收到的存货先耗用。
2. FIFO 法（先进先出法）：假定先收到的存货先发出或先收到的存货先耗用。
3. HIFO 法（高进先出法）：假定价格最高的存货先使用。
4. LOFO 法（低进先出法）：假定价格最低的存货先使用。

但是，上述的方法都存在一定缺陷，例如，对于先进先出法和低进先出法，在通货膨胀条件下，销售成本偏低，使得利润虚增。而对于后进先出法和高进先出法则相反，通货膨胀条件下，期末存货成本明显偏低，期末资产总价值也明显偏低。

如果企业各期生产成本非常稳定，为了避免复杂的簿记和计算，可以考虑使用加权平均法。加权平均法是根据期初存货结余和本期收入存货的数量及进价成本，期末一次计算存货的本月加权平均单价，作为计算本期发出存货成本和期末结存价值的单价，以求得本期发出存货成本和结存存货价值的一种方法。

表 2.2 列出了各种不同的估价及其方法运作的过程。

表 2.2　　各种价格确定方式的算例

	12 月份存货评估		
	初期存货	100 千克，1 元/千克	
	进货	50 千克，2 元/千克	
	消耗	70 千克	
存货计价方法	消耗 70 千克存货估值		
加权平均法	（100 千克 × 1 元/千克 ＋ 50 千克×2 元/千克）：150 千克＝ 1.33/千克		93.33 元

续表

LIFO(后进先出)	50千克×2元/千克+20千克×1元/千克=	120.00元
FIFO(先进先出)	70千克×1元/千克=	70.00元
HIFO(高进先出)	50千克×2元/千克+20千克×1元/千克=	120.00元
LOFO(低进先出)	70千克×1元/千克=	70.00元

一般情况下,有关材料成本的数据在企业内部会计和外部会计中是共享的,因此材料费通常属于基本成本。但在成本分类核算中,也可以使用有别于财务会计的估价方法,这时相应的材料成本就属于另类成本,对以成本为基础的价格核算或在核算企业业绩时,这些都是非常有效的。

2.2.2 人力成本:人事费和企业主核算薪资

为了实现正常的生产产品和公司运营需要人力的投入,我们将人力成本定义为人事费用和企业管理层薪资的总和。

人是企业运作中的重要因素。为了正确衡量企业的人事费用开支,可以通过对全体员工的薪资进行加总核算获得。而员工取得报酬的形式和金额是由一系列相关法律规定(例如税法、劳动合同法)以及员工和企业之间所签订的具有法律约束力的合同文件(劳动合同)所决定的。对于劳动报酬的分配方法,有计件工资和计时工资两种形式。计时工资体制是以绩效考核为基础的,例如8小时工作,员工要完成对应的工作量,才能获得当天的报酬。而这个工作量的确定,就成了这个体制的关键。而对于计件工资,是按照员工的工作量来确定相应回报,采用这种工资体制能提高工人工作的积极性,效率最高,但每件工资的制定又是个关键。以上两种报酬支付形式确定的报酬是员工的基本工资,此外员工的薪酬还包括津贴(例如加班津贴、假期津贴等)、奖金(员工的年终奖金)和额外福利(例如五险一金)等。除此之外,员工遣散费、招聘费和培训费也是人事费用的组成成分。

值得注意的是,在成本分类核算中,员工报酬的支付必须按照会计期间进行摊销。例如,员工的年终奖金必须按照一定的方法分摊到整个会计年度,但预付款或欠款则必须记录在对应的时间下。然后对上述同类员工薪酬组成部分进行平均核算,就可以得到员工工资的平均标准,这样可以有效避免工资标准的波动,也可以抵消由年龄或工龄等引起的个人报酬差异。

此外,应该按照权责发生制将人事成本进行系统化处理。在这个过程中,可能只有小部分的人事支出能直接划归到对应的产品上。在工业企业中,能够直接归属于某一特定产品的人事成本比较普遍,例如,工业企业中经常采用计件工资制度，这样员工的工资直接归属于这项产品的直接生产成本，因此，我们也称这项成本为生产工资。对于服务型企业，上述情况一般发生在当企业需要完成特殊客户订单时，需要聘请临时工，例如，当酒店举办婚礼时，需要较多的婚宴服务人员，就会从人力市场聘请一些额外的服务人员，此时人事成本的支出就可以划归到直接成本范畴。

除此之外，其他的人事成本都划归到间接产品成本的范畴，可以将其部分归入到特定的功能区域。例如，企业的保洁人员，他们从事企业的日常辅助工作，工资是以工作时间或工作量计量，对于工资、津贴、额外人事费用也是相同的情况。所以，接下来成本核算的步骤就是如何分摊这些间接人事费用，如何确定分摊比例。然后，根据确定的分摊比例，就可以将间接人力成本划归到具体的产品或者服务上，例如在某些分作业中所使用的工作时间就属于这类分摊比例。

我们已经介绍了企业一般员工的报酬情况，接下来我们将介绍企业管理层的薪资情况。毫无疑问，高管人员的报酬是企业人力成本的重要组成成分，最典型的例子就是合伙企业中合伙人的报酬。一般来说，管理层的工资构成了企业间接成本，不能直接归属到特定产品上。然而，不管是对于合伙企业还是个人独资企业，企业的利润就是企业主的薪资，所以这些企业主无法通过签订工作合同来确定报酬。但是，从对企业贡献角度来看，这些企业主通过自己的劳动付出对企业的价值创造作出了贡献，所以他们的劳动也应该考虑在成本核算范围内。因此，我们通常采用同类企业横向比较法来确定企业主的工资水平。

首先，为了正确估算企业主的薪资，必须将企业主为企业运营所付出的劳动看作企业的成本。然后通过对比其他企业的成本结构来确定企业主的工资。当然，企业也可以在企业章程中规定企业主在进行管理工作时可以获得的报酬数额来确定企业主的薪资。而且企业主也可以通过为其他企业提供管理工作来获得报酬，如果他们放弃了为其他企业服务的机会，我们将这部分报酬称为机会成本。而且通常在个人独资企业或者合伙企业创立初期，由于人手问题，企业往往会动员相关家庭成员或者其他亲朋好友提供无偿帮助或者收取较低的报酬，这些帮助也应该考虑在企业的成本核算当中。

前面提到过，工作成本既可以是基本成本也可以是核算成本，大部分人事费用都属于基本成本。然而对于企业主薪资核算，由于在外部会计中没有企业主薪资这个成本项，所以它对应的就是另类成本。

2.2.3 折旧成本

随着企业经营活动的开展，非流动资产随着时间推移或者技术进步会出现价值的损耗，企业通过折旧成本项来反映这些资产的损耗情况，并将对应费用分摊到折旧资产的整个使用年限上。

折旧成本本质上属于另类成本。因为在外部会计中，计提折旧的基础资产是企业列示在资产负债表上的所有固定资产。然而在内部成本核算中，折旧的计提是有范围限制的，内部会计只对经营生产在用的固定资产计提折旧，对于部分为未使用的资产不考虑价值损耗。而且，还有一个重要区别是，内部成本核算只涉及有规律的价值损耗，包括有形损耗（如设备使用过程中发生的磨损、房屋建筑物受到自然侵蚀等）和无形损耗（如因新技术的出现而使现有的资产技术水平相对陈旧、市场需求变化使产品过时等），而对于某些偶发性因素导致的价值损耗不予考虑。例如，由于工厂发生火灾导致机器设备的提前报废等，这些自然灾害导致的资产价值损耗在内部会计中不列入折旧成本的范畴，但在外部会计中，依然将其看作特殊折旧（有利于抵税）。但是对于一些可预见的、无规律的风险（例如福建沿海地区夏季台风导致的损失），都可以将相关的价值损耗看作核算中的风险成本（参见2.2.7节）。

综上所述，内部会计和外部会计对于资产折旧的计提，主要区别在以下三个方面：(1)折旧费的确定；(2)使用期限及使用潜力的确定；(3)折旧方法的确定。

外部会计中对于资产原值、使用寿命的确定原则是根据《企业会计准则第8号——资产减值》的相关规定来确定的；而在内部会计中却没有法律规定限制，所以会导致内外部会计所计提的折旧费产生偏差。内部核算时，会考虑随着时间推移资产市价的波动，从而对资产计提相应的跌价准备或转回折旧调整资产的账面价值。因此，在内部会计中，一项设备的折旧费等价于该项资产的重置成本，这样有利于企业的资产保护。所以，当资产的市价保持不变时，可以采用外部会计中计提的折旧费。如果预计资产价格会发生波动，内部核算时就应该根据最新市价确定资产的重置成本，而且重置成本要考虑旧资产处理时带来的净现金流入或流出。

一个个体出租车司机想要计算他在今年年初购买汽车的折旧费。他列出了如下的账单：

汽车购置费（包括送货费）	101 000
＋出租车装修	5 000
＝购置成本	106 000
＋下面5年的价格上升	12 000
＝重置价格（折旧基础）	118 000
－5年后的旧车销售收入	18 000
＝折旧数额	100 000

通过上面的计算结果得到了汽车折旧费用的计提基础，下面就将这些折旧费在对应的汽车使用寿命里进行摊销。设备使用寿命一般是根据设备在经营上能使用多长时间确定的，确定可能最大使用期限的依据是以往的经验数据、制造商提供的数据或根据 AfA-表格(资产注销表，德国联邦财政部用它表示税法规定的资产折旧)。资产的部分效用潜能可以用技术的效用单位加以表示(如汽车可行驶的最大公里数；机器在使用寿命内的最大生产量等)，但通常我们只能获得设备最大效用在时间上的估计值。事实上，真正重要的并不是设备可能的最大效用值，而是实际计划的设备使用期限及使用强度。

重新回到上面关于出租车的案例中：如果保养得当，这样的一辆汽车至少可以使用 15 年，但基本上使用 7 年后，可能经常会有故障发生。AfA-表格中拟订的使用期限是 6 年。根据一家私人的二手车估值公司提供的 Schwacke-目录(www. schwacke. de)，二手车的价值在使用期限的头几年下跌得尤其厉害。

由于其特殊的用途，出租车比私家车的使用强度更大。因此，从经营角度出发，出租车司机应给出租车设定一个比参照表中给出的标准使用期限低的期限。而 5 年之后，该出租车司机既可以通过变卖车子获得一笔现金收入，同时也可以将汽车维修费用控制在一定范围内。所有这些都从经济角度支持了该出租车司机应将该车的使用期限设定为 5 年。

原则上，我们既可以使用以时间做限定的折旧方法(直线折旧法、减速折旧法和加速折旧法)，另外也可以选择以效用为限定标准的折旧法。使用不同的方法，可以得出不同数额的折旧费(估算的折旧费用)和由此得出不同的资产剩余价值，同时也决定了资产在其使用期限内价值损耗的不同模式。图 2.1 比较了各种折旧法各自的作用效果。

以成本会计的目标为衡量标准，有两种方法尤为重要：

1. 直线折旧法：各期的折旧金额保持不变。该方法符合成本核算中标准化原则，折旧成本的数值保持不变，在计算等方面是非常有利的。

2. 以效用为界限的折旧法进行折旧，算得的折旧成本则最大限度地反映了设备资产价值缩减的实际情况。就这点而言，通过该方法可得出企业实际的经营成果。

在德国企业实践中，这些折旧法的实际使用情况很好地证实了上述观点。20 世纪 90 年代末，一项针对工业企业的调查显示，在所涉及的企业中，使用线性折旧法最多(在 153 家企业中占 65.1%)，效用折旧法也有使用(比线性折旧法使用得少得多)。使用递减折旧法，尤其是递增折旧法的可能性则是微乎其微。此外，在该项调查中，在确定内部核算中使用的折旧费时，一些企业(约 40%)使用和外部会计相同的方法[参见 Währisch(2000)]。

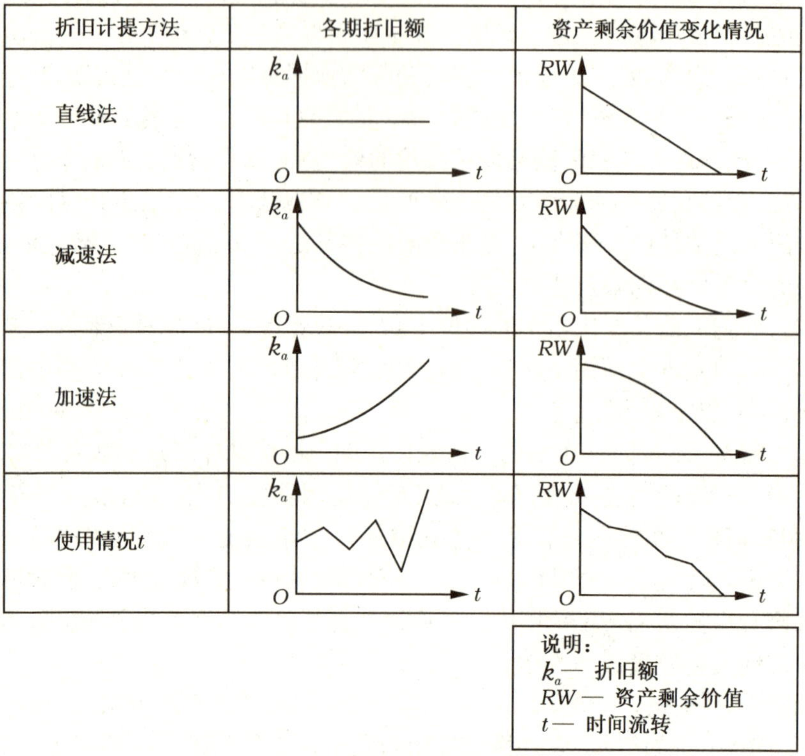

图 2.1　各种折旧法各自的作用效果

所以，本书将重点介绍上述两种折旧方法。下面，我们接着通过出租车司机的案例来应用这两种方法。

直线折旧法：按照平均分摊的原则，将总折旧金额进行分摊，使得各个会计期间摊销的折旧费是一致的：

$$折旧费=\frac{总的折旧费}{使用期限}$$

用这一方法，该出租车司机可以得到以下的折旧计划表（见表 2.3）：

表 2.3　　**折旧计划表**　　单位：元

	折　旧	残　值
第一年	20 000	80 000
第二年	20 000	60 000

续表

	折　旧	残　值
第三年	20 000	40 000
第四年	20 000	20 000
第五年	20 000	0

所以，直线折旧法的优点首先在于计算简便，而且采用该方法得出的各期折旧费是相等的，符合标准化原则。在核算和企业比较中，这一点非常有用。

对于效用折旧费：

$$折旧费=\frac{总的折旧费}{效用潜力}\times 当前会计期间的实际效用$$

这里，我们把资产在整个使用期限内可能的效用值看作该资产的效用潜力，在该案例中，出租车的效用潜力就是它在 5 年内能够行驶的公里数（所以，也可称为工作量法）。

在该例子中，我们认为出租车总的折旧费为 10 万元。因此，如果假设出租车在 5 年内的效用潜力为200 000公里，那么汽车每行驶一公里的折旧费便为 0.5 元。根据各年的实际里程数不同，其对应的折旧费也不同。年末剩余价值的情况则反映了出租车的实际效用。例如，5 年后，该出租车的折旧成本可能有如下的变化情况（见表 2.4）。

表 2.4　　**折旧成本变化**　　单位：元

	行驶里程（公里）	折　旧	残　值
第一年	25 000	12 500	87 500
第二年	40 000	20 000	67 500
第三年	25 000	12 500	55 000
第四年	80 000	40 000	15 000
第五年	30 000	15 000	0

采用效用折旧法虽然能比较实际和客观地反映资产的价值消耗，但是它也存在一定局限性。例如本案例中，出租车司机对于出租车效用潜力的估计（5 年内行驶 20 万公里）。但事实上，只有在极少数的情况下这一假设才成立，所以对于资产效用潜力的正确估计正是该折旧方法的局限。同时使用该方法时，资产每年的折旧成本是无法计划的。

原则上，即使当该项成本是通过可变数值算得时(如在效用折旧法中)，折旧成本也属于固定成本，这是因为：它本质上为固定的投资成本在时间上的分配。此外，所有相关的计划数据，如折旧总成本、使用期限、资产损耗过程(估测数据)，都具有很大的不确定性。

尤其是那些建立在重置价值基础之上的折旧费，我们将其归类为另类成本。仅在某些情况下，即当没有经济上的原因要求偏离财务会计的折旧费时，折旧成本也属于基本成本。

综上所述，在核算折旧成本过程中，涉及正确确定资产的折旧总成本、使用寿命以及正确选择折旧方法时，企业应该遵循以下三个准则：

1. 核算目的：是标准化原则比较重要，还是对价值损耗作出尽可能符合实际的估算比较重要？

2. 应时刻牢记资产保护的目的：对总的折旧成本或者年度折旧成本判断得太低，比判断过高的负面影响更严重。

3. 成本核算的经济性原则：由具体折旧过程造成的时间损耗也应在决策时加以考虑。

2.2.4 资本成本：核算利息

一般来说，资本成本是指投资资本的机会成本，机会成本不是实际支付的成本，而是一种失去的收益，是将资本用于本项目投资而所放弃的其他投资机会收益。在资本成本中所核算的利息不同于财务会计中的利息费用，在财务会计中，利息费用是根据现金流量来确定其大小的，即根据实际现有贷款的利息支付情况，财务会计中所指的利息费用仅发生在外来资本上。而成本核算中的核算利息则涉及所有企业经营生产所必需的资本，不管它是通过何种融资手段获得。

一方面，我们可以根据标准化原则来解释这一点。我们希望在企业之间能有一种脱离企业的资本结构和外来资本利息率变化的可比性。另一方面，这也是对机会成本的一种考量，也就是说，用于企业业务活动的资本原本可以有其他投资，例如用于国库券等任何一项更加安全可靠的投资。

这两点为核算利息的选择奠定了基础，我们通常考察风险尽可能小的长期投资项目，将它的资本市场利率作为参考对象(如政府债券)。我们可以通过以下方法算得利息成本：

核算利息＝企业经营生产所必需的总资本×核算利率

所以，现在计算核算利息的关键是如何得到企业经营生产所必需的总资本。我们可以通过企业资产负债表得到这一数据，企业资产负债表的结构如表 2.5 所示。

表 2.5　　资产负债表结构

资产负债表	
贷方(资金运用)	借方(资金来源)
不折旧设备	自有资本
折旧设备	长期资本
流动资产	短期资本
总和	总和

但是,要通过上述资产负债表核算企业经营生产所必需的总资本,还有一个问题需要解决。因为核算利息所需的是时期数据,而在资产负债表中所提供的数据都是时点数据,而且在核算过程中,我们主要运用资产负债表左方的数据,因为这些数据反映了企业资本的运用。

表 2.6 概括了出于以上所说的原因我们需要做出哪些调整,并分别对所涉及的各项步骤作了解释。

表 2.6　　利息核算表

第一步:识别企业经营必需的资产	
	从资产负债表的总和出发
	加入:没有列入资产负债表而经营必需的资产
	减去:企业经营不需要的资产
第二步:确认企业经营必需的资产	
+/−	企业经营必需资产的价值
	求和:企业本期所必需资产
第三步:企业经营所需资本的确认	
	本期所需财物
=	所需资本
−	免息资本
=	资本总需求
第四步:确定核算利息	
	资本总需求
×	核算利率
=	核算利息

第一步，以资产负债表为依据，识别企业经营所必需的各项资产。根据资产负债表，所有企业投入使用的流动资产和非流动资产构成了企业总资产。但是，仍然存在部分资产，虽然被用于企业经营活动，但是却没有在资产负债表中列示。例如，对于企业的低值易耗品，由于价值较低，所以在领用的时候就采用全额摊销法，全部计入领用当期的费用。但是，这类物品往往使用期限是很短的，所以这些资产虽然没有列示在资产负债表上，但仍然是经营必需的资产。而需要剔除的是那些虽然出现在资产负债表中，但没有在企业经营活动中使用的资产，例如，与企业目标无关的投资和供出租的建筑物等。

第二步，对资产负债表中的时点数据进行调整处理，推出期间数据。一般的调整方法，就是将期末与期初的数据取平均值，这里包括所有在期间出现价值波动的资产。对于土地等无法折旧的固定资产，对应的每个会计期间的价值都保持不变，因此一般是保值资产，但是中国企业的土地使用权按照无形资产进行核算并计提折旧。但是，有可能会发生一些意外折旧或者异常折旧因素，在外部会计中对这类固定资产的折旧给出了规定。例如，某一块土地附近建立了一个化工厂，由于受化工厂排放出有害气体的影响，导致这块土地的市价下降，这就可以划归到意外折旧的范畴，必须对土地计提折旧。

上面已经提到过，列入折旧资产的实际价值会随着资产的使用而减少，机器设备、交通工具或者房屋建筑物都属于此类资产。对于这些资产的处理，通常采用平均值。而且，为了更准确地获得当期企业经营资本的数额，我们可以通过使用所谓改良的残值法，即在每个时期，将当期的资产账面残值和前期账面残值的平均值作为该期的残值。

除了非流动资产可以使用改良的残值法之外，这种方法同样适用于流动资产。但存在一个局限性，因为流动资产的库存量在当期通常会具有大幅波动，所以得到的数据只是近似值。如果能把库存会计精确到周甚至精确到天，那么就有可能获得比较平滑的平均值。

按照上述调整方法，将企业经营生产所必需的所有资产进行修正之后，我们将调整后的资产数据进行加总，就可以得到当期企业经营生产所必需的所有相关资产的总价值，由企业经营生产所必需的资本给予这些资产以财务支持。

第三步，上面我们所得到的是维持企业生产经营活动所必需的所有资本，但是并不是所有资本都能长期使用，所以还要在第二步得出的资本总额数据的基础上扣除部分无息的外来资本，这里主要是指企业在短期内使用的免息资本，例如对供货商的应付账款或者对顾客的预收款项。扣除上述免息资本后，就得到了企业经营生产所必需的总资本。

第四步，将得到的这一数值与核算中使用的核算利率相乘，从而算得核算利息，即当前时期内的利息成本。

扣除免息资本的原因，是这些资本在企业生产经营期间只是短暂存在。例如上面提到的对顾客的预收款项，企业收到这部分预收货款之后，企业会在非常短的时期内提供相应的商品或者服务，所以这类资本很快就会流出企业，是不能长期用于企业经营活动的资本。

另一个原因是，尤其是在处理对供货商的相关负债时，应避免这种利息以及成本的重复计算，例如，当企业不能及时支付材料费时，在负债中就不能扣除优惠折扣费。这样一来，我们必须为延期材料费支付一定的利息，原因是它们实际的购进价格偏高，在通常情况下，供货商的报价都包含了一部分折扣费(参见 5.5 节)。随着材料的消耗，在成本分类核算中，这个偏高的价格又以材料成本的形式再次出现。就这点而言，扣除相应的免息资产可以避免成本的重复计算。

上面的方法不仅适用于企业全部资产的利息成本核算，也适用于某一具体资产的利息成本核算。在单项资产的利息核算中，采用的是外部会计中的相关数据，即各资产的购置成本及相关的账面剩余价值；并且在这一过程中，我们需考虑之前提到的数据修正原则，而无息外来资本则不在考虑范围内。

某企业在 2007 年底的资产负债表如表 2.7 所示。长期的资本投资利率为 4%。现在需要确定该企业的核算利息。

表 2.7　　2007 财年资产负债表　　单位：元

贷方	2006 年	2007 年	借方	2006	2007
土地	100 000	100 000	自有资本	51 000	62 000
机器	50 000	45 000	准备金	23 000	20 000
经营设备	50 000	30 000	贷款	178 000	165 000
应收款	20 000	40 000	应付款	20 000	15 000
证券	50 000	15 000			
银行存款	12 000	32 000			
总和	272 000	262 000	总和	272 000	262 000

第一步：识别企业经营必需的资产

除了有价证券外，所有的资产都是企业经营生产所必需的。我们可以认为有价证券与企业经营的核心业务无关。

第二步：企业经营必需资产的确认

企业经营必需的资产如表 2.8 所示。

表 2.8　　企业经营必需的资产　　单位:元

资产	核算	结果
土地		100 000
机器	(50 000+45 000)/2	47 500
经营设备	(50 000+30 000)/2	40 000
应收款	(20 000+40 000)/2	30 000
银行存款	(12 000+32 000)/2	22 000
资产总额		329 500

第三步:核算企业必需资本

企业必需资本如表 2.9 所示。

表 2.9　　企业必需资本　　单位:元

	核算	结果
经营必需资产	见上	239 500
免息资本	(20 000+15 000)/2	17 500
必需资本总额		222 000

第四步:计算核算利息

核算后的利息如表 2.10 所示。

表 2.10　　核算后的利息　　单位:元

经营必需资本:222 000		
核算利率:4%		
	核算	结果
核算利息	222 000×0.04	8 880

2007 财年的核算利息为 8 880 元。

2.2.5　税收和费用成本

国家要行使职能必须有一定的财政收入作为保障,国家取得财政收入的主要形式是税收和收费。对于企业而言,只要上缴的税费与企业的经营目标有关,就要将其纳入成本核算,例如,土地使用税、车船税等流转税和污水排放费、电视收视费等费用。然而,有些税费不考虑在企业成本核算的范畴,例如,代扣代缴的营业税,成本核算不将其计入。还有,对于所得税(如个人收入税、公司所得税)和资产税(如财产税),成本核算时,也不予以考虑,因为这些税款对于实现企业目标来说不是必需的。但是,在某些情况下,尤其是从决策角度出发,也可以将这些税款看作成本项。然而,在接下来的论述和习题中,我们不把所得税和资产税列为成本项。

根据前面我们对于"成本"的定义——与企业目标相关的物资损耗,从这一点出发,就可以清楚地理解为什么有些税费(如汽车消费税等)可以列入成本核算的范畴。因为道路的使用权是一种服务,它可以被消耗。而上面提到的所得税和资产税与企业的目标是不相关的,是实现企业目标之后的企业纳税行为。

然而,从决策的角度出发,又是另外一种情况。大多数企业的决策目标都是要增加企业的税后利润。所以,从这个角度出发,除了某些代收款项(如销售税),所有的税款都可以看作与决策相关,包括所得税额和资产税。这又再次说明了,为什么可以将这些税款看成企业成本[详见 Schweitzer/Küpper (2003),第 121 页]。

2.2.6 房租成本

在一般情况下,企业的办公地点是租来的,在成本核算时,应将房租成本考虑在内。当然,也存在一些例外情况,例如第 1 章房产中介的例子中,企业的办公地点是免费的,因此没有产生房租成本;或者当办公地点是企业自建的,企业可能会采取以下这种处理方法:不计提折旧费,但是通过估算一个租金价格进行房租成本核算。在估算的时候,一般是采用当地普遍使用的收费标准。

标准化原则贯穿整个成本核算的过程,对于房租成本核算也不例外。为了确保企业经营管理前后具有可比性,我们将"偶然"未支付的租金排除在外。此外,从机会成本的角度考虑,对于自建的房屋建筑也要考虑其租金成本。同样,对于成本分类核算中实际需支付的房租作出相应的提高或降低的调整,例如在不久的将来,需要将长期使用、租金较低的办公地点换成租金较高的时候。

上海南京路上的永安百货大楼建成于 80 多年前,如果按照外部会计中的相关规定,那么这幢百货大楼几十年以前就应该完全折旧完了。由于它属于经营者的自有资产,因此也不会有房租费用的产生。但事实上,这一不动产却有很高价值,这一价值被用于经营该百货商场,在成本核算中,我们应考虑到这一点。要确定折旧成本,则必须估算出不动产的使用年限以及它的重置费用。在估算的过程中可能会碰到大量问题,因此我们的一种备选方案是,仅考虑可比较对象的核算房租。

但要做到这一点并不容易，在任何情况下，不动产的使用成本都会使企业的总成本显著上升。

现在，可能部分读者会有疑问，对于企业自有的房屋、建筑物等资产，既需要计提折旧费，又需要考虑房租成本，这两项成本的核算都与企业的目标实现有关，同时估算同一事物的两种成本类别，是否有意义呢？对于这一问题，我们的选择当然不是两种成本都考虑，而是通过重要性原则，来判定哪一种成本与企业最相关。例如上述例子，我们就会考虑估算房租而不是折旧费，因为建筑物的年代久远，它已经完全折旧，因此缺少估算折旧费所必需的基础。出于类似的原因，对于那些较新的建筑物或办公地点，我们也可以选择估算它在内部会计中的核算房租成本，而不是外部会计中的折旧费。而且，实际情况是，在估算折旧费的过程中，对于总折旧成本和资产使用寿命是很难确定的。所以，多数情况下，我们都采用核算房租的方法来确定资产的耗费，而房租一般选择当地所普遍适用的房租收费标准，核算房租成本在成本核算中也比较容易操作。

如前所述，房租成本既可以与外部会计中对应的成本项相同（基本成本），也可以与之不同（另类成本），免费使用办公地点的核算租金则属于附加成本的范畴。

2.2.7 风险成本

收益的产生必然伴随着相应的风险，企业通过经营活动创造利润，同时也面临着一定的风险。风险可以分为企业一般风险以及企业的特殊风险。企业一般风险是与企业某一经营活动的实施有关的，例如由于产品销售不佳导致企业的偿债能力下降，它可以由企业的利润来补偿，所以不构成成本项。而企业的特殊风险是指可以预见的、与个别生产经营方面相关的损失风险，这类风险与企业目标有关而且有规律可预见，但是特殊风险损失出现的时间间隔和金额不确定，对于它们的分期和一般化处理，属于成本核算的范畴。

如何核算这些特殊风险成本呢？首先，将财务会计中列为特殊费用的项目纳入风险账户，然后通过这些风险账户，确定我们需要核算的特殊风险。接着，验证那些被包括在内的费用项是否与成本相关，判断的标准是该支出项再次出现的概率。下面列出的是四种典型的与成本相关的风险类型：

1. 库存风险：指由于腐坏、盗窃或者损耗等原因引起存货量减少的危险。

2. 固定资产风险：指由固定资产所遭受的特殊损害而带来损失的风险（可由反复出现的洪涝灾害以及建筑物火灾等引起）。

3. 生产风险：指成本上升的风险（可由生产不当或过高的保障要求所引起）。

4. 债权风险：指债权损失的风险（可由于顾客无偿债能力或汇率波动引起）。

但有些会带来类似损失并在外部会计中被看作费用项的参数，例如库存的价格波动等，在这里不被列入风险成本的范围，而是作为材料成本。同样的情况也适用于由于折旧费的错误估计所带来的损失风险，以及变卖资产所带来的损失风险。事实上，在确定资产的折旧成本时，就应对它的价格波动作出预测并将其计算在内。如果确实出现了估算错误的情况，那么在成本核算中就没必要再次追加成本费。

要确定风险成本值，通常要知道多个时期的平均值以及相应的风险出现概率。

某一超市在过去三年共购进了价值 1 万元的散装白酒，并成功将其全部售出。但由于无法完全清空酒桶，因此在开桶的时候会损失一部分白酒。在这三年里，该超市由此损失的白酒总计约为 300 元。据此，我们可以算得该超市库存这些白酒的风险率：

$$\frac{300\text{元}}{10\ 000\text{元}}\times 100=3\%$$

如果在下一个月，该超市购进了价值为 1 000 元的白酒，那么风险成本就为 1 000元×3%=30 元。

在没有历史数据可以借鉴的情况下，企业可以参考其他企业的处理方法或者一些经验数据。对于可投保的风险（如债权损失或火灾等），可以将保费看作有关风险成本。

如果在外部会计期间，与风险成本对应的费用项和它在数值上不同，那么这时的风险成本就属于所谓的另类成本，反之则属于附加成本。而与风险成本有实质性联系的投保成本则属于基本成本。

2.3　收入分类核算

截止到目前，我们已经介绍了成本分类核算，接下来介绍收入分类核算。与成本划分相同的是，收入也可以根据不同的标准进行划分。表 2.11 给出了可能的一些分类标准，并附上了它们各自的特点以及相应的例子。

表 2.11　　**收入可能的分类**

分类标准	特点和例子
物品的种类	销售收入、房租收入、咨询收入、客户服务收入
计量单位	每件、每个合同和每月收入
可核算性	间接和直接收入（参见 1.6 节）

续表

分类标准	特点和例子
和销售额的依赖性	固定和可变收入
收入的范围和岗位	利润中心、客户组、产品组
收入来源	产品 A、B、C，例如肥皂、洗发水、润肤液。主要产品和辅助产品，例如旅馆中住宿收入和销售物品收入
确认方式	基本收入、另类收入、附加收入（参见 1.3 节）

从上面的分类可以看出，收入的分类和成本分类是十分相似的，将物资进行分类也是收入分类的基本原则，而具体采用哪些分类法同样取决于企业的核算目的。在下一节中，我们将再次介绍根据收入岗位进行分类的方法：在确定各领域的业绩时，该方法是必不可少的。

成本核算和收入核算有相似之处，也有不同点。首先，在核算收入时，也需要对具体产量进行评估。然而，不同的是，核算收入时，尤其是核算销售收入时，会更加依赖于外部会计中的一些原理。而且对于在成本核算里经常涉及的另类成本和附加成本在收入核算中较少出现，这里我们只简单地讲解一下计算收入的方法。

由于企业为自身所提供的服务不存在市场报价，因此对它的评估依赖于它所引发的成本。由企业自己提供的典型服务是指由企业的一个成本岗位提供给另一个成本岗位的服务，如维修服务、警卫服务或后勤保障服务等。其他成本岗位使用这些服务后会引发次级成本，对于次级成本的评估和核算则在企业结算中进行，在第 3 章中我们将详细介绍有关内容。生产和库存的成品或半成品也属于这一范畴，对于它们的评估则要用到成本核算，这将在第 5 章中详细进行介绍。

利用财务会计数据可以确定销售业绩，其中关键的是产品和服务所获得的（净）价格以及销售收入，这里也需要计算和扣除由于折扣（参见 5.5 节）或降价（优惠）等因素而减少的收入。而之所以会采取以上这些优惠措施，通常是为了加强与客户之间的联系或以前就有的有关承诺。

总的来说，同处理成本时一样，我们也应分期地对收入进行整理，并按照之后进行的核算目的来对其进行分类。

一般来说，在成本收入核算中通常都会更重视成本方面，并且对成本的处理和对收入的处理有很大的区别。这样做的原因是，如果我们要深入讨论收入和绩效核算中的一些特殊问题，这不是利用一些基础知识可以解释得了的，例如对于间接收入的分析以及它与直接成本和间接成本之间的关系，又或者是对于大学或诸如红十字会等非营利性组织所取得业绩的评估等都属于这类问题。对于收入绩效核算中的一些特殊问题的简单讲解可参见 Weber(2004,第 226 页)。

第 2 章的核心内容

1. 成本核算为内部和外部会计之间的比较提供了相关信息,同时为成本和收入核算的后续步骤作了相关的准备。

2. 成本和收入核算法中所使用的以价值为基础的处理方法,可以不同于财务会计中的一般方法。这里涉及所谓的另类成本、附加成本以及另类收入和附加收入。

3. 在许多情况下,成本核算法可以确保企业内部以及企业之间具有更好的可比性。因此,在这一过程中,我们用到了标准化的基本准则,这一点可适用于企业主的核算薪资以及核算房租等。

4. 此外,该方法也考虑到了机会成本的因素,例如,在处理核算房租以及核算利息时,我们也考虑到了由于将自有建筑物或自有资本用于企业自身经营活动而错过的其他可能产出。

5. 在核算折旧费时,对于重置费用的估算符合资产保护的原则,这样可以确保企业能够长期持有该资产。

6. 核算利息指的是所有用于企业经营活动的资本所带来的成本费用。

7. 核算风险成本应平衡企业所承担的特殊风险。

第3章　成本和收入岗位核算

在第2章关于上海威斯汀大饭店的例子中，我们已经知道了饭店向顾客提供服务的时候会得到哪些收入以及在这过程中对应哪些成本的损耗：如人事成本、能源成本和折旧成本等。除此之外，还有一个问题，就是如何将收入和成本分配到具体的企业部门中？例如，酒店前台的服务人员提供的服务是面向全部顾客的，这部分成本该如何核算？而且酒店中住宿和餐饮服务是紧密联系在一起的，具体产生的收入和对应的成本应该如何分配？还有我们应该如何评估企业内部所提供的服务？例如酒店房间等的清扫工作应分配到多少成本？

对于上述问题的回答，其实在第2章中对成本和收入分类核算中，已经有了相应的铺垫，我们将在下面对有关问题给出详细阐述。

3.1　成本和收入岗位核算的任务和目标

在本章中，我们将详细介绍成本岗位核算、部门业绩核算以及计划成本岗位核算。

首先是成本岗位核算，同成本分类核算类似，成本岗位核算也是关于状态记录的，需要收集、登记成本项并对其进行分类。但是，两者也存在不同之处。对于成本岗位核算，重点是对间接成本的归集和分类以及确认这些成本产生的具体位置（在企业的哪一个部门）及其金额。而且在核算过程中，不仅考虑初级成本，还考虑次级成本。也就是说，如果企业各部门之间存在业务联系，也需要进行核算。在接下来的分类过程中，需要清算间接产品成本：一方面，这些成本被分配到各个部门中，另一方面也被分配到某些重要的战略部门中，即将服务提供给市场的那些部门。

鉴于成本核算的特殊任务，成本岗位核算有两大重要功能，即提供信息的功能和准备功能。

成本岗位核算的信息功能是指：首先通过对间接成本的分配和归集，来确定各具体部门领域需要承担多少间接成本，从而可以对各部门的间接成本进行横向比较分析，也可以通过直接成本和间接成本加总得到总成本数据，从而对比不同时期各个部门的成本变化趋势。同样地，我们也可以通过检查额定指标是否完成来实施成本控制。

成本岗位核算的准备功能是指：成本岗位核算是部门业绩核算的必要步骤。顾名思义，业绩核算需要收集各部门的收入和成本信息，具体在3.4节介绍。而且成本岗位核算也为接下来的一些工作提供了相关信息（参见第5章）。那些可以直接计入某一产品或某一订单下的直接成本的确定比较简单，例如，可通过成本分类核算中相应的记录来确定。但对于间接成本，我们就要依靠成本岗位核算，把它分配到具体部门中。

我们将在本章最后一节介绍部门核算的另外一种方法——计划成本岗位核算。计划成本岗位核算是成本控制系统的重要内容，通过衡量计划成本和实际消耗支出的偏差，进行成本控制，及时揭示成本和费用差异数额，以便采取有效措施，调节和控制生产耗费，以保证成本计划得以更好地完成。

图3.1概括了本章中介绍的部门核算、它们各自间的关系以及与成本和收入核算其他步骤间的联系。

3.2 部门的确定：成本和收入岗位

某一公立医院评价报告的摘录

"……公立医院的成本岗位计划由于建立了太多的成本岗位（如仅在成本岗位组90个中就有58个上游成本岗位）而变得非常混乱，其中，有很多成本岗位相互间没有明确的界限。导致的结果是部分成本和收入无法进行有效的匹配，因此，某些收入只能计入辅助成本岗位的名下。

在该公立医院所有的部门中，都缺少具有说服力的有关绩效数据，例如病房一览表、实验数据、洗涤的相关数据及救护车使用情况等，这些关键因素造成了该医院找出成本和收入符合实际情况匹配的困难。

内部控制部门所提供的资料及评估不能满足医院领导层操控医院各项经营结果的需要……"[SRH(2000)，第197页]

站在战略的高度，为了有效控制企业的业务活动，使企业正常运营，需要企业正确地认识到成本和收入岗位核算的重要性。上述公立医院的评价报告明确地指出了这一点。

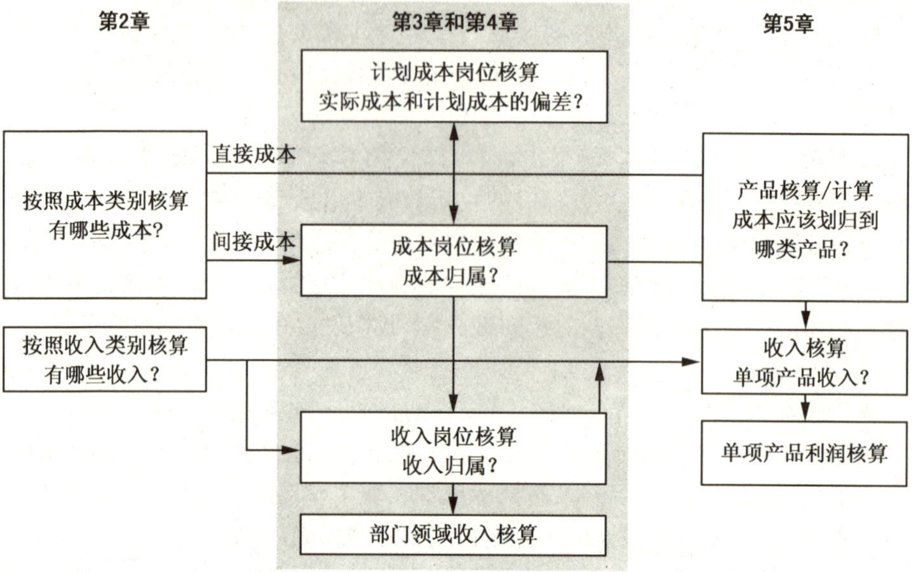

资料来源:参见 Nadig(2000),第 28 页。

图 3.1　成本收入核算间的主要关系概览

在本书中,我们讨论的对象是一般(私营)企业,但成本和收入核算及相关的基本准则同样适用于公共机构,如大学、市政府或这里的公立医院等。

为了正确地进行成本和收入岗位核算,还需要明确的问题有:如何确定成本和收入岗位?上游成本岗位与其他成本岗位又有什么区别?下面我们将对这些问题进行阐述。

我们先来解答第一个问题。成本和收入岗位指的是那些从事相似或相关活动的部门,例如,生产或提供类似产品或者服务的部门,它既可以是直接产生成本的部门,也可以是经过分摊以后承担成本的部门。

对于企业各种各样的物资消耗,我们可以根据不同的标准将它们进行区分,从而划归到不同的成本岗位:

1. 按照功能划分标准,将相同的分作业组合在一起,其中部分分作业在同一地点进行(如生产、管理和销售)。

2. 按照成本岗位责任制的划分标准,将成本岗位责任人所负责的各领域组合在一起。根据机构的规模和结构,这些领域可以是工作组、部门,也可以是分厂等(如生产过程中的工作组、大学的学院、健身中心的健身房等)。

对于不同类型的企业,涉及的成本岗位也不同。生产过程工序越复杂,对应的成本岗位越多,所以如果分得越精细,成本核算的透明度和准确度就越高,但成本核算本身的费用也会同时增加,而且可能会带来前面案例中出现的副作用。所以,企业要结合自身实际进行成本岗位的划分。但要想有效实施成本控制,则必须时时考虑到成本责任制的划分标准,这一点是毫无疑问的。

上面介绍了基本的成本岗位划分标准,除此之外,我们还可以根据企业结算以及绩效核算的目标将各岗位系统化。从结算技术的角度出发,可以将成本岗位分为上游成本岗位和最终成本岗位。而对于供售出的产品来说,上游成本岗位(如维修中心的餐厅)的业绩是间接的,它们更多的是在企业内部被消耗掉,因此,上游成本岗位的成本被分摊到其他的成本岗位上。而最终成本岗位对应的就是企业的最终经营绩效(如工业型企业的生产中心或储蓄银行的信贷咨询部),它们的成本不再分摊到其他的成本岗位上,而是分配到产品上。

只要不是纯粹核算中心,所有成本岗位原则上都可以被看作绩效或者收入岗位,因为这些成本岗位都有自己的业绩,如维修部门、餐厅或行政部门,但是这些业绩收入又不同于企业真正对外销售商品或者服务取得的收入。

如果把产品或者服务是否直接进入市场作为划分标准,收入岗位和成本岗位的划分标准就不一致;有时多个成本岗位可以组合成对应一个收入岗位或者利润中心。可能的收入岗位划分标准是根据产品类型或产品组、根据销售地区、根据分公司、根据工厂或根据顾客群进行划分,它和成本岗位划分的相同之处在于责任制的划分标准。因为不管是对于收入岗位还是成本岗位的划分,目的都在于有效控制部门的业绩,而责任的明确划分是实现该目标的前提。

利润是由收入扣除成本得来的,所以利润中心既要对成本负责,又要对收入负责。根据企业特有的成本和收入岗位划分方式,一个收入岗位可以包含多个成本岗位,如设备和机械制造业中按照产品进行划分的企业。但收入和成本岗位也可以完全一致,例如可以将旅行社的旅游部门和票务部门看作收入岗位,同时也可以将它们看作最终成本岗位。

3.3 成本岗位核算的过程:企业结算

3.3.1 企业结算表的作用和结构

所谓的企业结算就是在成本岗位核算过程中,将成本按照来源分配给不同的部门领域,或者在它们之间进行结转,通过企业结算表(BAB)具体落实。通过表3.1,可以了解企业结算表的基本结构:列表示的是各上游成本岗位及最终成本岗位；行表示的是不同的间接成本项。

表 3.1　　企业结算表的结构

月企业结算表							
成本岗位 / 成本种类	上游成本岗位			最终成本岗位			合计
	电	水	修理	原料	生产	管理销售	
初级成本							
人事成本							
供热成本							
折旧成本							
资本成本							
房租成本							
风险成本							
……							
初级间接成本之和							
绩效结算（次级成本）							
电分摊							
水分摊							
修理分摊							
初级和次级间接成本之和							

表 3.1 表明，企业结算表由两部分组成：上游成本岗位结算和最终成本岗位结算。这两个部分构成了企业成本结算的两个步骤：(1)表的上部将间接成本进行归集并分配到各个成本岗位。(2)表的下部是企业内部业绩结算，将上游成本岗位成本分摊给最终成本岗位。

上面的企业结算表一般只涉及产品间接成本的结算。但是通常在表格下面也会附上直接材料成本和直接人工成本的信息，这些信息可以用于企业结算之后的一些工作，例如计算某一产品所应承担的成本费用（参见第 5 章）或者成本控制等。

用纸和笔手算的方式来讲解企业结算，可能会显得过时，毕竟这些结算法通常都是借助计算机来完成的。但企业结算中所使用的软件首先必须根据企业实际进行调整，例如必须对成本岗位作出定义，并且必须要给出分配成本和成本分摊的公式。换言之，必须要理解基本的系统；我们的目标是要逐步地介绍整个核算过程。

3.3.2 步骤1：将初级成本分配给成本岗位

第一步要解决的就是将初级成本分配到对应的成本岗位。当然，如果涉及的对象是成本岗位的直接成本，例如该成本岗位的直接人工成本、机器设备折旧费等，结算工作就比较简单，只需将成本记录到对应的成本岗位就可以了。但是如果涉及的对象是间接产品成本，就需要通过特定的分配方法来进行分配。这里涉及两种间接成本，一种是真正的间接成本，一种是伪间接成本（参见1.6节）。对于这些伪间接成本，我们需要使用合适的分配系数，使其分配方式具有说服力。表3.2给出了一些可能的分配系数的例子。

表3.2　产品间接成本分配系数的例子

成本种类	可能的分配系数
供热成本	按照房间的面积或者体积 （或者直接看表的读数）
企业孩子托管服务	员工人数或者孩子的人数

12月份，供热成本是5万元，但没有具体的消耗数据能够帮助我们将这一成本费直接分配给各成本岗位，为此，我们将企业办公地点的面积作为分配系数。使用暖气空间的总面积为4 000平方米，那么一个200平方米的部门，它所分担的暖气费用为：

$$\frac{200\text{平方米}}{4\,000\text{平方米}}\times 50\,000\text{元}=2\,500\text{元}$$

然而，在管理实践中，分配系数很难确定而且存在争议。以企业托儿所为例，为了正确分配托儿所产生的间接成本，企业一般都采取托管幼儿的数量作为分配系数，将托管成本分摊到相应的部门。但是，这种成本分配法是否符合公平的原则呢？一般来说，企业建立附属的托儿所，是为了更好地协调员工和家庭之间的关系，保证他们能够全身心地投入工作。不过，这样也会导致那些带有子女的员工所在的部门将要承担更多的成本开支，可能会导致这些部门倾向于雇佣没有孩子的员工，这与企业原本创建托儿所的初衷是相违背的。

如同上面的案例，如果企业不能找到合适的分配系数，那么出于战略原因，只能放弃分配系数，从而采取平均分配原则对间接成本进行分配。

3.3.3 步骤 2:企业内部的绩效结算

第二步,需要对企业内部的绩效进行结算,即将第一步中分配得到的上游成本岗位的间接成本分摊到最终成本岗位。然后,对企业内部绩效的次级成本进行评估,并根据对它的需求及使用情况将其分配给其他的成本岗位。为了正确地评估次级成本,我们需要引用一些评估参数(如同上面提到的分配系数)。

表 3.3 给出了这类参数的一些例子。

表 3.3　　次级成本评价参数举例

上游成本岗位	可能的次级成本评价参数
土地/建筑物	企业的面积
电岗位	用电量:kwh
修理岗位	修理时间:小时
建筑物清洗	企业的面积
餐厅	员工人数
供水	用水量:立方米

从表 3.3 中可以看出,次级成本的评估参数包括固定参数,如企业面积或员工人数;也包括可变参数,如用水量或修理时间等。在可变参数的情况下,企业可能会用到计量表或者计时单。如果不能获得确切的数据或者取得数据的成本过高,就可以按照比例进行估算或者按照平均分配原则进行分配。

除了采用评价参数来分配次级成本之外,还可以根据承担能力来分配:尤其是针对那些生产和提供面向市场的服务或者产品的部门,我们可以将它们的销售量换算成元作为计量单位,然后根据销售额对次级成本进行分配。

下面我们介绍三种在企业内部绩效核算中分配次级成本时所使用的不同的费用分配法:(1)直接分配法;(2)交互分配法;(3)代数分配法。

以上三种方法各有利弊,而且存在明显的差异,不仅体现在计算方面,最主要的是对于成本岗位绩效的关系处理上。

首先考察直接分配法,直接分配法的使用前提是不考虑上游成本岗位间的绩效重叠问题,上游成本岗位的成本被直接分配到最终成本岗位。分配率的计算如下所示:

$$每一单位绩效的转换率=\frac{初始成本岗位的初级间接成本}{最终成本岗位所消耗的绩效量}$$

同样的，直接分配法的前提条件也是直接分配法适用的局限。如果上游成本岗位存在绩效重叠，那么直接分配法就不能使用，所以只有当上游成本岗位之间确实不存在绩效联系或这种联系十分微弱时，该方法才是适用的。

在某一企业内，共定义了四个成本岗位，其中两个上游成本岗位(V1 和 V2)以及两个最终成本岗位(A 和 B)。在进行企业结算时，记录下了成本岗位间的绩效联系，表 3.4 给出了各上游成本岗位提供给其他成本岗位的业绩量。

表 3.4　　成本岗位间绩效的重叠

进行分配	到 V1	到 V2	到最终岗位 A	到最终岗位 B
从 V1		20	20	60
从 V2	50		400	200

根据直接分配法，我们可以忽略 V1 和 V2 之间的业绩重叠。那么，确定分配率的基本参数便只有两个最终成本岗位所消耗的绩效量了。

上游成本岗位 1 的绩效分配率为：

$$K_1=\frac{3\ 600\ 元}{80\ 单位业绩}=45\ 元/单位业绩$$

上游成本岗位 2 的绩效分配率为：

$$K_2=\frac{2\ 400\ 元}{600\ 单位业绩}=4\ 元/单位业绩$$

根据这些分配率，就可以在企业结算表中进行企业内部绩效的核算了(见表 3.5)。其中 LE 代表单位业绩。

表 3.5　　按照直接分配法进行企业结算　　单位：元

	上游成本岗位		最终成本岗位		总和
	1	2	A	B	
初级间接成本总和	3 600.00	2 400.00	11 000.00	6 500.00	23 500.00
V1 应分摊的金额			(20LE×45￥/LE) 900.00	(60LE×45￥/LE) 2 700.00	3 600.00
V2 应分摊的金额			(400LE×4￥/LE) 1 600.00	(200LE×4￥/LE) 800.00	2 400.00
初级和次级间接成本总和	0.00	0.00	13 500.00	10 000.00	23 500.00

企业结算表的一个基本准则是："初始岗位的初级间接成本"这一栏的总额一定等于"最终岗位分配到的初级和次级间接成本"这一栏的总额，因为在核算企业内部进行时，既没有减少也没有增加成本。我们应根据这些数据来对我们的结算过程进行监控，在任何一种情况下，该两项都必须互相一致。两个上游岗位间的分摊费用这一行在计算总额时不予考虑(表 3.5 中用"×"表示)，因为它们之间没有绩效重叠，但这些数据对监控措施同样有用，因为，分摊费用这一行的总额必须等于上游成本岗位需进行分配的成本总额(如表 3.5 中用灰色标出的上游成本岗位 2 的分摊费用这一块)。

为了在成本分配的过程中能够充分考虑到上游成本岗位之间存在的绩效联系，我们采用交互分配法。但是，这种方法还是存在局限性，就是上述的绩效联系只能是单向的，这一方向是由企业结算表中成本岗位的排列方式所决定的。也就是说，在企业核算过程中，企业只考虑上游成本岗位提供给处于企业结算表下方成本岗位的服务，而对于相反方向则不予考虑，这样同样也会导致信息的失真。因此，在使用该方法的时候，必须首先决定企业结算表中成本岗位的排列顺序。至于分配率，可以用下面的方法逐步算得：

每一单位进行的分配率

$$=\frac{\text{初级成本岗位的初始间接成本}+\text{从前方成本岗位获得的绩效量的成本}}{\text{提供给后方成本岗位的绩效量}}$$

只有当结算了前一个上游成本岗位的绩效之后，才能计算下一个过程的分配率。因此，只有当绩效流确实只在一个方向上发生或者所提供的其他绩效量非常少，以至于可以忽略不计的时候，该方法才是适用的。

在进行企业结算时，同样记下了表 3.4 中给出的联系绩效。

同直接分配法不同，在使用交互分配法时，可以兼顾上游成本岗位 1 向岗位 2 所提供的业绩，但 V2 提供给 V1 的服务(根据企业结算表中成本岗位的排列方式)在这里同样不予考虑。

上游成本岗位 1 所提供的绩效分配率为

$$K_1=\frac{3\ 600\text{ 元}}{100\text{ 单位业绩}}=36\text{ 元/单位业绩}$$

用这一转换率，首先我们就可以在企业结算表中，得出上游成本岗位 1 提供给其他成本岗位的绩效(见表 3.6，V1 的分摊成本)。

只有确定了 V1 的分摊成本之后，才能计算 V2 的绩效分配率，即：

$$K_2=\frac{2\ 400\text{ 元}+720\text{ 元}}{600\text{ 单位业绩}}=5.2\text{ 元/单位业绩}$$

用这一分配率，我们又可以结算上游成本岗位 2 提供给最终成本岗位的服务(见表

3.6,V2 的分摊成本)。

表 3.6 逐步结转法企业结算 单位:元

	上游成本岗位		最终成本岗位		总和
	1	2	A	B	
初级间接成本总和	3 600.00	2 400.00	11 000.00	6 500.00	23 500.00
V1应分摊的金额		(20LE×36¥/LE) 720.00	(20LE×36¥/LE) 720.00	(60LE×36¥/LE) 2 160.00	3 600.00
V2应分摊的金额			(400LE×5.20¥/LE) 2 080.00	(200LE×5.20¥/LE) 1 040.00	3 120.00
初级和次级间接成本总和	0.00	0.00	13 800.00	9 700.00	23 500.00

这里,我们也可以像之前所说的那样,对结算过程进行监控。但与直接分配法不同的是,在使用交互分配法时,我们还必须计算分配给上游成本岗位 2 的次级成本,将它连同初级间接成本一起进行结算。所以,这里总的分摊成本为3 120元。

最后一种方法就是代数分配法,这是最精确的一种分配方法,能够同时兼顾到上游成本岗位之间双向进行重叠的方法。代数分配法是利用代数中多元一次方程组的原理,针对每个上游成本岗位,都建立一个方程,该方程表示这一上游成本岗位与其他成本岗位之间的联系。由于每个上游成本岗位在之后会将它获得的重新提供给其他的成本岗位,因此我们得到如下的方程式:

输入=输出

初级间接成本以及从其他成本岗位所获得的绩效初级间接成本构成了输入项,也就是获得和消耗的绩效。输出项则是该上游成本岗位向其他成本岗位提供绩效从而产生的次级间接成本。这样一来,我们可以将上面的方程式具体化:

该成本岗位的初级间接成本+从其他成本岗位获得的绩效次级成本

(单位:元;从企业结算表中获得)(所获得的绩效量×单位绩效分配率)

=为其他成本岗位提供绩效而产生的次级成本

(所提供的绩效量×单位绩效分配率)

针对每个上游成本岗位都可以建立一个这样的方程式。其中初级间接成本是已知参数;我们可以在企业结算表的上半部分中找到。此外,从其他成本岗位获得的绩效量以及提供给其他成本岗位的绩效量也是已知的,这些数据都可以从成本岗位间业绩联系的相关记录中获得。而评估绩效的分配率则是未知数,对此,我们要用到变量(如维修中心的分配率用 k_r 表示)。

解方程之后,当所有的分配率都确定时,我们就可以进行企业结算表中的核算了。在企业结算中,我们将再次用到表 3.4 中给出的绩效联系。与其他两种方法不同，在使用代数分配法时，我们将兼顾成本岗位间的所有绩效联系，包括 V2 提供给 V1 的绩效。

通过这些数据以及从企业结算表中获得的初级间接成本总额，我们可以列出如下的方程组。变量 k_1 和 k_2 表示的是上游成本岗位 1 和岗位 2 的分配率。

V1：$3\ 600$ 元 $+50k_2-100k_1=0$

V2：$2\ 400$ 元 $+20k_1-650k_2=0$

将 V1 的方程式变形后得到：

$100k_1=3\ 600+50k_2$

$k_1=36+0.5k_2$

消掉 V2 方程式中的 k_1，得到：

$2\ 400+20\times(36+0.5k_2)-650k_2=0$

$2\ 400+720+10k_2-650k_2=0$

$640k_2=3\ 120$

$k_2=4.875$ ￥/LE

用 k_1 表示 k_2，得到：

$k_1=36+0.5\times4.875=38.437\ 3$ ￥/LE

用这些分配率，我们可以进行企业结算表中的费用分摊(见表 3.7)；也就是结算上游成本岗位 1 和岗位 2 提供给其他成本岗位的绩效。

表 3.7　　按照代数分配法进行的企业结算　　单位：元

	上游成本岗位		最终成本岗位		总和
	1	2	A	B	
初级间接成本总和	3 600.00	2 400.00	11 000.00	6 500.00	23 500.00
V1 应分摊的金额		(20LE× 38.437 3￥/LE) 768.75	(20LE× 38.437 3￥/LE) 768.75	(60LE× 38.437 3￥/LE) 2 306.24	3 843.74
V2 应分摊的金额	(50LE× 4.875￥/LE) 243.75		(400LE× 4.875￥/LE) 1 950.00	(200LE× 4.875￥/LE) 975.00	3 168.75
初级和次级间接成本总和	0.00	0.00	13 718.75	9 781.25	23 500.00

综上所述，通过代数分配法，我们可以得到最终成本岗位改变后的期间总和，由于该算法兼顾了上游成本之间的双向重叠，所以这个结果相对前面的结果来看是最精确的，其他的算法忽视了这一点。

我们也可以对结算过程进行监控，所遵循的原则同之前的一样。同时，我们也可以进一步了解企业结算表中使用代数分配法结算是如何进行的(见表 3.7)，可以从 V1 这一列(3 600.00+243.75)推断出上游成本岗位 1 分摊给其他成本岗位的成本,该总数必须与 V1 分摊费用这一行的总数相一致。V2 分摊费用的情况也应如此。

还需要补充说明的是,为了简化代数分配法,我们使用了非常简单的案例。但是,在实务操作中,涉及的案例都是纷繁复杂的,需要核算的是所有成本岗位之间的绩效关系,在这种情况下,我们就需要用到矩阵计算来确定分配率,所以,在企业管理过程中,一般采用现代化的计算工具(如计算机)来进行计算。毋庸置疑,代数分配法是间接成本分配最精确的方法,但是,即使该方法在形式上对所有获得的数据进行了结算,但这也不等于它所获得的各成本岗位成本费用的数据全都是正确的,因为该方法是建立在初级间接成本和次级间接成本间的划分这一结算关键因素基础上的,并且对于间接成本的处理通常具有一定的不确定性和随意性。但这属于事物的自然属性,至今还没有一种十全十美的方法能够摆脱这一两难的处境。

3.4 收入岗位核算及部门业绩核算间的联系

如果一个岗位同时承担成本和收入,那么这个岗位也是狭义上的收入岗位,或者称为利润中心,可以通过以下方式确定该部门损益情况:

部门损益情况=部门收入一部门成本

所以,在确定部门业绩时,需要核算部门收入和部门成本。为了确定部门收入,就必须进行收入岗位核算。在收入岗位核算的过程中,需要将商品销售收入按照各个岗位进行分摊;对应的收入折扣(如现金折扣或销售折扣等,参见 5.5 节)也要进行相应的分摊。但是,与成本岗位核算相比,收入岗位核算相对简单,因为收入岗位核算主要按照销售原则进行划分,因此它的很大一部分销售收入都可以直接分配。当然,有些时候也会出现间接收入,如之前提到的上海威斯汀大饭店的总体分工安排。其中,对于住宿和餐饮的收入是相互联系的,即使价格折扣可能也会同时涉及多个收入岗位。只有在少数情况下,我们才能对这些间接收入进行直接分配;通常都是要给它们找到其他的一些分配方法(如平均分配等)。

上面我们介绍了通过企业结算如何将间接产品成本划分为初级间接成本和次级间接成本。当然,对于部门生产过程中,除了间接成本,还有直接成本,例如材料成本、生产过程中所产生的薪资成本以及单件销售成本等。这些直接成本也需要分配给相应的岗位,如 3.2 节中所说的那样,收入和成本岗位不一定非得相互一致,在这类情况下,通常都是将收入岗位所对应的部门成本相加。

对于那些只向企业内部提供服务的成本及收入岗位(如维修中心或企业餐厅)

来说，没有真正意义上的（货币）盈利或亏损：在企业结算中，企业内部通常都是通过所需要承担的成本来进行评估的（次级成本）。因此，对于这些岗位来说，不需要进行单独的收入结算：将企业结算中获得的分配率乘以所提供的总量，就得到了该中心的收入值，该数值的大小与该岗位需承担成本费的大小相同。但有时还是有必要根据这些岗位的物资消耗（用货币衡量的输入项＝成本）来对应列出它们的内部消耗（如根据数量或时间列出输出项），这样做的目的通常是为了将计划和现实情况进行比较（参见 3.5 节计划成本岗位核算），或者是出于对成本进行计划控制管理的目的，例如间接成本分析或零基预算等（参见 8.2 节和 8.3 节）。

我们将上海威斯汀大饭店的各个销售部门如住宿部、饭店部以及行政部门都看作收入岗位，并在企业结算中将它们看作最终成本岗位。在 12 月需对各部门的损益情况进行结算。

表 3.8 给出了 12 月饭店各个部门的总成本，包括所要承担的间接成本和直接成本（如直接人工成本和直接材料成本）。

我们可以从财务会计处得到有关收入的信息。通常收入的信息都是记录在各个销售部门下，收入折价无需记录。表 3.9 所示的是一个报表，它给出了各收入岗位分摊收入的具体情况。

表 3.8　　饭店各部门 12 月企业结算表　　单位：元

	上游成本岗位		最终成本岗位			合计
	行政	酒窖	住宿	餐饮	会议	
……						
初级间接成本总和	200 000	29 000	131 000	50 000	90 000	500 000
分配行政成本		1 000	119 000	50 000	30 000	200 000
分配酒窖成本				20 000	10 000	30 000
初级和次级间接成本总和	0	0	250 000	120 000	300 000	950 000
……						
人员直接成本					5 000	5 000
材料直接成本				280 000	165 000	445 000
总成本			250 000	400 000	300 000	950 000

表 3.9 饭店各部门 12 月收入 单位:元

	住宿	餐饮	会议	旅馆总和
销售总收入				1 000 000
利润中心的直接收入	110 000	370 000	320 000	
来自总体安排的间接收入 200 000 元,70%住宿,30%餐饮	140 000	60 000		
利润中心的部门收入	250 000	430 000	320 000	1 000 000

至此,我们已经得到了饭店各个部门的收入和成本数据,接下来就可以得到各个部门损益情况(见表 3.10)。

表 3.10 12 月部门业绩结算 单位:元

	住宿	餐饮	会议	旅馆总和
部门收入	250 000	430 000	320 000	1 000 000
部门成本	250 000	400 000	300 000	950 000
利润中心利润	0	30 000	20 000	50 000

通过上面详细的介绍,我们对于短期企业业绩核算流程已经有了大致的了解。由于在这个例子中,我们考虑的是整个企业的收入和成本(分摊到各部门),因此部门损益情况的确定方式较为简单。但除此之外,在企业结算中,计算损益还应注意哪些?这一问题将在第 7 章中进行讨论。

3.5 计划成本岗位核算

3.5.1 计划成本岗位核算的任务和流程

前面我们简要提到过计划成本岗位。采用计划成本岗位核算可以有效地考核计划的执行情况,为建立成本责任制创造条件。下面,我们通过一个案例来阐述计划成本岗位的内涵和必要条件,在以后的章节中,我们将再次引用这一案例。

有一家冰淇淋生产商,特色是生产草莓酸奶冰淇淋,并将其以半升杯装提供给批发商。公司管理层每年都会对各个成本岗位的年度总成本进行分析。2008 年,管理层从过去各年的横向比较,发现去年(2007 年)制造岗位"灌装"的成本波动尤为剧烈——远远超过上一年的波动幅度(如图 3.2 所示)。

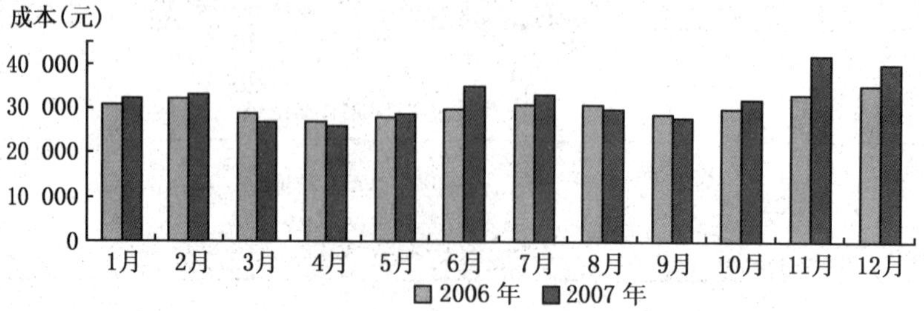

图 3.2 “灌装”成本岗位成本发展的时间比较

面对去年“灌装”成本的剧烈波动,管理层决定召开总裁扩大会议,请“灌装”岗位的经理作半小时报告。2007 年底不合比例的成本大幅增长使管理层尤为不安:该岗位是否工作效率低下?

对于这个问题,该岗位经理在报告中给予了很好的回答:他认为,简单的从时间维度对各期成本进行横向比较是没有说服力的。首先显而易见的一点是,成本将随产量变化而波动。其次,夏季和圣诞节前的需求上涨导致产冰量增加。为此需要投入更多的物资设备并雇佣额外人员。此外,与上一年相比,2007 年的需求变化导致了若干生产波动。因此,灌装量在 3 月和 4 月下降,在 6 月、7 月和冬季回升。对于 11 月成本骤升这一情况,成本岗位经理解释说,当月有一台机器发生故障,因此维修费用非常高。尽管如此,管理层并未感到满意,是否所有物资投入都得到了有效利用?

与会者都认为,横向比较对于讨论的进行是没有帮助的,即使是将本企业的成本数据与同行业的其他企业进行成本比较也是一样的,因为这样的比较只能解释典型的需求决定型波动。

然而,在整个讨论过程中,大家都忽视了管理控制师的存在。在会议的尾声,管理层要求新进的管理控制师发表意见,他认为:为了实现有效的经济性控制,应该采用计划成本岗位核算,这样能够有效地控制当期产生的成本差异,通过对差异的分析,可以向管理者传递专门的信号,告诉他们应该采取什么纠正措施以及应该在什么地方采取纠正措施。所以,通过差异分析,能够有效地加强企业的经营控制。

在上述案例中,管理控制师提出的建议正是引入以经济性控制为目标的计划成本岗位核算,它可以通过若干步骤完成,图 3.3 对这些步骤作了一个简略的介绍,在以后的章节中,我们还会对其进行更为详细的阐述。

步骤 1:创建成本计划
在与成本岗位负责人达成一致后,我们可以制定成本计划,该计划根据成本类型明确规定了各个成本岗位的计划成本。我们还可算出计划成本结算费率,并据此评估被输送到其他成本岗位的绩效。此外,结算费率还有核算作用。
步骤 2:经济分析的准备
我们可以根据计划成本确定成本函数,它反映了计划中的成本发生过程(目标成本)以及将其输出至其他成本岗位和产品(结算后的计划成本)的过程。此外,我们可以分别计算出各成本岗位和各类成本的实际费用(实际成本)。
步骤 3:目标—实际比较
我们可将实际费用与计划数据进行对比,分析偏差。在此基础上,我们可以了解各类费用与计划数据偏差发生的原因,并对成本岗位经济性进行评估。

图 3.3 基于计划成本岗位核算的经济性控制步骤

3.5.2 制定成本计划:计划成本和计划成本结算费率

为了实现经济性的控制,企业的计划制定中心将与各个成本岗位的经理人合作。计划涵盖的期限不定,可以是一星期或一个月,通常,计划指标每年需要变更一次。

为了准确地制定企业成本计划,有几个问题需要解决。第一个问题就是如何衡量特定成本岗位的计划成本?一般我们会选择产出水平作为计划成本大小的衡量标准。对应企业不同的岗位活动不同,例如对于驾驶服务,可以选择行驶里程作为标准。此处,我们定义这种衡量标准为基准(BG)。

对于上一节提到的冰淇淋公司我们应该如何确定基准呢?制造部门的相关成本岗位将之前生产的冰混合物灌装在半升杯中,在对各种可能的基准(如灌装机的运行时间等)进行深入讨论比较后,人们决定将产量,即该岗位灌装的草莓酸奶冰淇淋杯数作为基准。

第二个问题是,相关成本岗位在计划期限内应实现多少绩效?作为绩效单位的产量被称为计划基准(BG^P)。现有三种方法可测定计划基准:产能计划、瓶颈计划和销售计划。

首先介绍产能计划。产能计划的目标就是计算出该成本岗位在计划期限内应该实现多少绩效,例如一台机器每月能生产多少件产品或通常会举行多少次咨询会议,由此确定的产能将被设定为计划基准。所以,按照产能计划,在上面“灌装”例子中,人们需要结合工作时间和机器运行时间来确定灌装数量。然而,产能计划也存在一定的局限性,该计划指标仅适用于相关成本岗位,其他成本岗位的计划及销售可能性均不在其考虑范围内。所以,如果遇到某个成本岗位依赖于其他成本岗位的绩效时,我们就会考虑采用瓶颈计划。假如这些成本岗位的产能各不相同,那么我们将以瓶颈区,即产能最低的成本岗位,为基础确定共同的计划基准。就成本岗位"灌装"而言，我们还须考虑上游制造岗位的产冰量。不同的是，销售计划是以需求为导向的，而不是以上游供给为导向的。所以，对销售计划而言，重要的是获得预期销量、预期客户数量等基本数据，并据此确定计划基准。不过，只有在清晰地测定其他相关成本岗位对预期销量的贡献之后，才有可能完成这一步。这种情况通常不会出现在上游成本岗位，但有可能出现在"灌装"岗位。在这种情况下，可将预期销量设为计划基准。

考虑到"灌装"岗位的特性，管理控制师和成本岗位经理决定采用产能计划。然后，他们设定了以产能为导向的计划基准——24万杯。灌装机的流水作业周期导致岗位"灌装"遭遇瓶颈。一个月(20个工作日)的灌装量为24万杯。从销售情况来看，这一数目与预期销量的平均值相等。就成本而言，一个兼顾季节性波动的更精确需求计划在经济上是不合算的；计划数据每年调整一次即可。

在确定了计划基准之后，接下来就可以正式开始制定成本计划了。制定成本计划时，计划基准决定了成本的种类分布、每类成本中需要考虑投入多少要素(如材料、劳动力和维修服务等)以达到预期产出？我们将通过图3.4中的成本计划来给出上述问题的回答。

首先是估算实现计划基准每类成本需要投入多少生产要素(如材料件数或工作时数)，确定各投入要素的预期消耗量(U^P)。然后要进行计划单价的估算，在考虑未来可预见价格上涨的基础上，来估算预期价格(P^P)。

除了初级成本外，我们还需掌握其他成本岗位内部运营产生的次级成本。初级成本以市场价格为基准，这对次级成本来说是不可能的。相反，各成本岗位将结算费率作为计划价格，这样便形成了所谓的计划成本结算费率。

与之前的成本核算相类似，计划成本也包括了固定部分和可变部分。在外部会计中，计划成本需要对外披露，包括固定和可变部分，所以需要我们确定这两部分的计划成本。以绩效实现为前提的消耗是可变成本产生的原因，相反，固定成本是独立于生产过程的(参见1.6节)。某些成本是基本固定的，如折旧和利息费用等；另一些可能是完全可变的，如某些与产量挂钩的材料费；有些成本则由常数和变量两部分组成，如电费。固定成本比例取决于固定消耗量(如应急照明耗电量)或固定成本数额(如付给抄表员的人工费)。固定成本和可变成本的比例取决于各类成本的计划值。有三种算法可供选择：(1)投入要素的计划成本＝计划消耗量×计划价格；(2)投入要素的计划成本＝(固定计划消耗量＋可变计划消耗量)×计划价格；(3)投入要素的计划成本＝(投入要素的)固定成本＋可变计划消耗量×计划价格。

有关计划成本的例子如表3.11所示，假设各类成本的计划值均已知，那么我们可将其加入成本岗位的计划成本。算法如下：

成本岗位的计划成本＝成本岗位的固定成本＋成本岗位的可变计划成本

成本计划的最后一步是设定计划成本结算费率：

$$\text{计划成本结算费率} = \frac{\text{计划成本}(K^{p})}{\text{计划基准}(BG^{p})}$$

计划成本结算费率适用于以下两种情况：基于成本计划将成本结算至其他成本岗位或是计划核算。

我们可用该方法为成本岗位"灌装"制定一项成本计划，它表示 2007 年的月度计划成本(见表 3.11)，下面我们以电力和冰混合物为例阐明计划成本的计算过程。

表 3.11　　一个成本计划的案例　　单位：元

2007 年度成本计划 成本岗位"灌装"(草莓酸奶冰淇淋)的月度成本 计划基准：240 000 杯				成本岗位经理：		
成本类别	单位	计划消耗量	单位计划价格(元)	计划成本(元)		
				总价	构成	
					可变	固定
初级成本						
制造工人的报酬	小时	400	20.00	8 000.00	8 000.00	—
成本岗位经理的工资	—	—	—	5 140.00	—	5 140.00
材料(杯子)	只	240 000	0.02	4 800.00	4 800.00	—
电力	kwh	2 600	0.25	650.00	450.00	200.00
折旧成本	—	—	—	2 900.00	—	2 900.00
利息	—	—	—	895.00	—	895.00
内部经营的次级成本						
清洁	小时	100	13.15	1 315.00	1 315.00	—
修理	小时	50	30.00	1 500.00	1 500.00	—
冰混合物	升	120 000	0.07	8 400.00	8 400.00	—
计划总成本				33 600.00	24 465.00	9 135.00
计划成本结算费率/灌装杯数 (33 600：240 000 杯)				0.14		

资料来源：Plinke/Rese(2006)，第 168 页。

我们将以电力为例阐明第二种算法。就成本岗位“灌装”而言，我们需要考虑预期耗电量，并将计划价格设为 0.25 元/kwh，该中心无须支付抄表员的固定人工费(此类成本将被结算为企业的管理费用)。尽管如此，我们仍须关注固定成本即固定耗电量。灌装机的制冷设备必须在工作日期间持续运行，即使当时并不需要灌装，固定耗电量亦由此产生。换言之，这种耗电量与产出无关，它还包括工作日之外应急照明和调试期间的电力消耗，计算可得平均每个工作日的耗电量为 40kwh。与经营相关的可变耗电量则是在灌装机运转并有所产出的负荷运行期间产生，每机时的耗电量为 9kwh，每月 20 个工作日中，机器每日运行 10 小时。由此可得：

计划消耗量(kwh 电力)：

- 固定比例：40kwh/工作日×20 个工作日＝800kwh
- 可变比例：9kwh/机时 × 10 机时/日 ×20 个工作日＝1 800kwh

计划价格：0.25 元/kwh

计划电费：(800kwh＋1 800kwh)× 0.15 元/kwh ＝ 2 700 元

同样地，我们很容易算出冰混合物的消耗量。若是计划灌装 24 万杯(计划基准)，那么我们需要 1.2 万升冰混合物，这将再次涉及一个纯可变消耗量。为计算相关计划成本，须用消耗量乘以 0.07 元/升的计划价格。然而，计划消费价格又是从何而来的呢？冰混合物的消耗与成本岗位“灌装”的次级成本有关，因为冰混合物并非来自外购，而是由企业内部的另一个成本岗位“生产”提供的。我们需要有关其生产成本的信息，以计算灌装所需的冰混合物数量，为此可参考“生产”岗位的成本计划，由此可知计划成本结算费率为 0.07 元/升。我们可将其设为成本岗位“灌装”中冰混合物的计划消费价格。

3.5.3 经济性分析的准备：目标成本、结算后的计划成本与实际成本

经过上面的数据准备，我们已经具备了经济性分析所需要的重要基础数据。即使有些数据我们没有给出计算过程，也可以通过计划基准和计划成本推算得到，因为根据上述计算仅得到了计划成本数值，这个数值只是反映了以计划基准为基础的计划成本数额，所以推算或者说换算是不可或缺的。但是，实际的产出往往与计划产出有偏离，因此还需要进行推算。正是计划成本岗位核算使得我们能够进行岗位的经济性评估。

故而，我们接下来需要通过将计划成本换算成为目标成本和结算后的计划成本。换算可通过成本函数完成，这些函数描述了与基准相关的计划数据变化关系。与成本岗位“灌装”计划数据相关的两个函数如图 3.4 所示。

成本函数图中的 X 轴表示基准即成本岗位的绩效指标，它在计算计划成本的

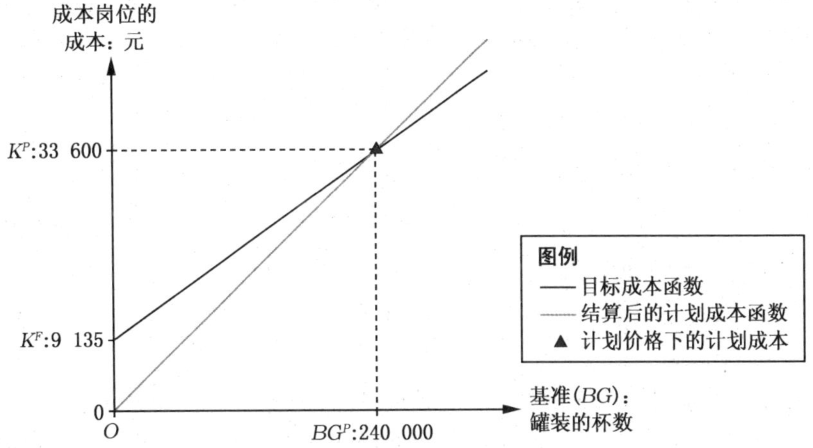

图 3.4　计划成本结算的初始图

第一步即可确定(本例中指需灌装的杯数)，我们还可在 X 轴上标出计划基准即预期产量(本例中为 24 万杯)。Y 轴表示成本，我们假设其数值与基准相关，并在 Y 轴上标出计划成本数额(本例中为 33 600 元)，即计划基准 24 万杯所产生的成本。由计划基准决定的计划成本点恰好是两个函数的交点，根据目前得出的数据，我们可以确定目标成本函数和结算后的计划成本函数。

目标成本函数的轨迹与已知的总成本函数相同，它反映了不同基准值导致的成本变化，我们假设其斜率不变。定义如下：

$$K^S(BG)=K_F^P+\frac{K_V^P}{BG^P}\times BG$$

$$\Rightarrow \text{本例中}:K^S(BG)=9\ 135+\frac{24\ 465}{240\ 000}\times BG$$

其中：

K^S＝目标成本

$BG^{(P)}$＝基准(计划)

K_F^P＝固定计划成本

K_V^P＝可变计划成本

由于固定成本的存在，目标成本曲线正好经过表示固定计划成本(本例中为 9 135)的点，由计划基准值决定的成本正好与计划成本相等，这两个点足以确定目标成本函数的轨迹，该函数的斜率为可变成本/基准单位(本例中为约 0.10 元/杯)。

结算后的计划成本函数表明，根据不同的基准值，某一成本岗位的计划成本应如何结算为其他成本岗位或成本单位的费用。定义如下：

$$K^{Ver}(BG)=\frac{K^{P}}{BG^{P}}\times BG$$

$$\Rightarrow \text{本例中}: K^{Ver}(BG)=\frac{33\ 600}{240\ 000}\times BG$$

其中：

K^{Ver}＝结算后的计划成本

$BG^{(P)}$＝基准（计划）

K^{P}＝计划成本

该函数从原点出发，因为零基准值时无产出，也无法表示或结算绩效。实现计划基准值之时，所有成本亦结算完毕，在这种情况下，结算后的成本与计划成本相等，函数斜率为计划成本结算费率（本例中为 0.14 元/杯）。

在成本函数的帮助下，无论产量多少，我们都可用图示法（读取某一基准值的成本数值）或算术法（设定基准值）确定目标成本及结算后计划成本的数值。成本函数可以同样方式应用于目标—实际比较。

然而，我们还需要实际产出、计划当月的实际成本等更多信息，它们可用实际基准值（BG^{I}）和实际成本（C^{I}）来表示。

类似于计划成本的计算，我们需要掌握实际价格（P^{I}）和实际消耗量（U^{I}）来确定实际成本，它们同样可能包含固定成分和可变成分。各类实际成本的计算方式与计划成本相似：(1)投入要素的实际成本＝实际消耗量×实际价格；(2)投入要素的实际成本＝（固定实际消耗量＋可变实际消耗量）×实际价格；(3)投入要素的实际成本＝固定成本＋可变实际消耗量×实际价格。

2007 年 12 月，相关成本岗位仅灌装了 15 万杯草莓酸奶冰淇淋，而非计划中的 24 万杯，这与实际基准值（BG^{I}）有关。计入的耗电量表明，该成本岗位共耗电 2 200kwh，其中包括固定耗电量 800kwh，换言之，灌装本身仅耗电 1 400kwh。与计划数据相比，电力价格上涨至 0.30 元/kwh。由此可得：

实际电费：(800kwh＋ 1 400 kwh)×0.30 元/kwh＝ 660 元

用这种方法，我们可以计算本月所有投入要素的实际消耗量与价格，将其相加便可得到该成本岗位的实际总成本。

12 月，成本岗位灌装实际生产冰淇淋 15 万杯，共产生实际费用 29 000 元。实际产出的相应成本应该是多少？如何将其结算为其他成本岗位或成本单位的费用？在实际工作中，目标成本及结算后计划成本可以为我们提供答案，计算过程如下：

$$K^{S}(BG^{I})=9\ 135+\frac{24\ 465}{240\ 000}\times 150\ 000$$
$$=24\ 425.625\text{ 元}$$
$$K^{Ver}(BG^{I})=\frac{33\ 600}{240\ 000}\times 150\ 000$$
$$=21\ 000\text{ 元}$$

换言之，该成本岗位的实际成本低于成本预算总额 33 600 元，但远高于实际产出 15 万杯时基于计划数据应当产生的费用，这为更详尽地分析偏差原因提供了基础。价格相比于计划数据是否有所上升？还是材料消耗量或工作时数比预期更高？下一节中偏差分析的核心问题是：是否每个投入要素都得到了有效的利用？

3.5.4 目标—实际值比较的实施：偏差分析

为了测试企业的物资消耗是否有效，下面我们将通过计划成本与实际消耗进行对比，并对所产生的偏差进行详细的分析解释。

第一步，我们将各类费用的计划成本与实际成本进行互相比较。利用前面讲述的知识，我们可以计算出各类费用的目标成本和结算后计划成本，然后将其与对应的实际要素投入成本进行对比。可以采用图示法或计算法，现在，我们将以费用类型“电力”为例说明这一过程。

图 3.5 标出了有关成本岗位“灌装”电费的已知数据。类似于计划成本岗位核算的初始图，图 3.5 反映了有关电费的目标成本和结算后计划成本的走向，并附有实际数据，我们将对这些数据与计划成本走向的偏差进行分析。

从图 3.5 中，我们可以得到实际成本与计划成本的差异值 10 元(660 元－650 元)。但是我们感兴趣的并不是这个差异值，因为减数与被减数是基于不同的产量得出的。我们更感兴趣的是，实际成本为何偏离各项按计划应当产出的数值。

为了回答上述问题，我们将图 3.5 中由实际成本函数和结算后计划成本函数围成的整块区域加以研究，整块区域的面积就是所谓的总偏差。接下来，我们将对这个总偏差进行分解分析：

1. 基准值：实际基准与计划基准不等导致经营偏差(BA)。这种系统性偏差始于计划阶段，与实际基准下目标成本与结算后计划成本之间的差别有关：若是实际工作量(并导致实际基准)低于计划基准值，后期结算的成本低于预期。反之，后期结算的成本高于预期。

2. 价格：实际价格与计划价格不等导致价格偏差(PA)产生。

3. 消耗量：实际消耗量与计划消耗量不等导致消耗偏差(VA) 产生。消耗偏

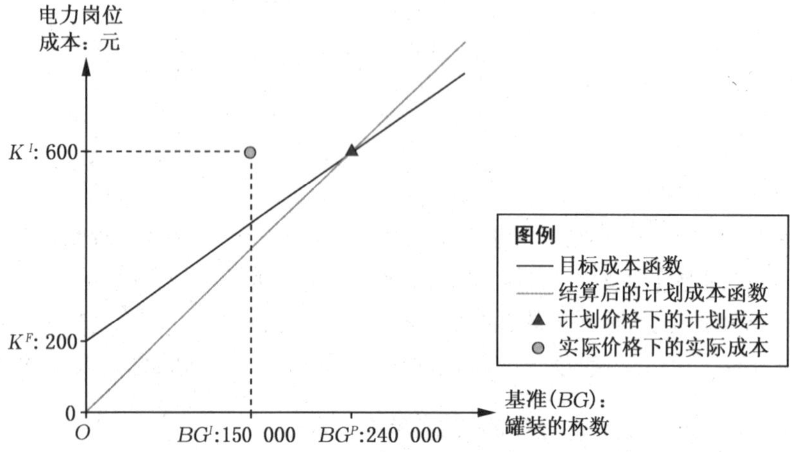

图 3.5　图形偏差分析——通过实际数据补充的成本走势

差(VA)是偏差分析中最为关键的部分，因为它能够反映投入要素是否得到有效利用。

无论是总偏差还是经营偏差均可在图 3.5 中直接读出，我们也可根据已知公式计算实际工作中的目标成本与结算后计划成本，从而得出上述偏差值。相反，仅凭图表我们无法区分价格偏差和消耗偏差，它们共同构成了实际工作中目标成本与实际成本之间的差异。

为区分价格偏差和消耗偏差，我们必须引入一个新值即基于计划价格的实际成本，在考虑到固定成本和可变成本比例的情况下，可用原始计划价格乘以实际消耗量，由此可推出各成本数值和偏差值的计算公式(见表 3.12)。

表 3.12　　　　基于计划成本岗位核算的偏差分析计算公式

公式表	
图例说明	
U^I＝实际消耗量	U^P＝计划消耗量
U_V＝可变消耗量	U_F＝固定消耗量
P^I＝实际价格	P^P＝计划价格
K_F^I＝固定实际成本	K_F^P＝固定计划成本
BG^I＝实际基准	BG^P＝计划基准
计划价格下的计划成本(K^P)	$K^P=u^P\times p^P$ 或 $K^P=(u_F^P+u_V^P)\times p^P$ 或 $K^P=K_F^P+u_V^P\times p^P$

续表

实际价格下的实际成本(K^I)	$K^I=u^I\times p^I$或 $K^I=(u_F^I+u_V^I)\times p^I$或 $K^I=K_F^I+u_V^I\times p^I$
计划价格下的实际成本(K^{IP})	$K^{IP}=u^I\times p^P$ 或 $K^{IP}=(u_F^I+u_V^I)\times p^I$或 $K^{IP}=K_F^I+u_V^I\times p^I$
实际基准下的目标成本	$K^S(BG^I)=K_F^P+\frac{K_V^P}{BG^P}\times BG^I$
实际基准下的结算后目标成本	$K^{Ver}(BG^I)=\frac{K^P}{BG^P}\times BG^I$
价格偏差(PA)	$PA=K^I-K^{IP}$
消耗偏差(VA)	$VA=K^{IP}-K^S(BG^I)$
经营偏差(BA)	$BA=K^S(BG^I)-K^{Ver}(BG^I)$
总偏差(GA)	$GA=K^I-K^{Ver}(BG^I)$ 或 $GA=PA+VA+BA$

在此基础上，我们可以完成对电费的偏差分析，表 3.13 汇总了所有已知数据。根据这些数据，我们可以算出必需的成本值，过程如下：

$$K^{IP}=(800+1\ 400)\times 0.25=550(\text{元})$$

$$K^S(BG)=200+\frac{450}{240\ 000}\times 50\ 000=481.25(\text{元})$$

$$K^{Ver}(BG^I)=\frac{650}{240\ 000}\times 50\ 000=406.25(\text{元})$$

表 3.13　　成本类别“电力”的计划数据和实际数据

	计划数据	实际数据
基准	240 000 杯	150 000 杯
消耗量	2 600kwh	2 200kwh
固定部分	800kwh	800kwh
可变部分	1 800kwh	1 400kwh
价格	0.25RMB/kwh	0.30RMB/kwh
成本	650.00RMB	660.00 RMB
固定成本	200.00RMB	240.00 RMB

第3章的核心内容

1. 成本岗位是功能、组织或者说是空间上限定的单位，它是成本的源头与归属。成本责任是划分成本岗位的一项重要原则。

2. 我们将所有产生绩效的部门定义为收入岗位。收入岗位又名利润中心，是销售收入的发生地，它们大多由若干成本岗位组成。该部门在承担成本责任的同时，还需对销售收入负责。

3. 将成本归入或结算至某一成本岗位的过程被称为企业结算，其核心会计工具是企业结算表。

4. 企业结算可划分为两个步骤：第一步是将初级间接费用归入成本岗位。接着将上游的初级间接成本分摊到最终成本岗位。这一过程被称为企业内部绩效结算。

5. 企业内部绩效结算可通过多种方式完成，只有代数分配法才能保证成本岗位之间的联系不会失真。

6. 按照基于部门绩效核算的原则，我们须将该部门的收入与成本进行对比。

7. 计划成本岗位核算是经济性控制的工具。

8. 我们可利用偏差分析将不同的成本因素分离开来并加以研究。只有这种差异化分析才能说明实际成本偏离计划成本的原因。

9. 总偏差由价格偏差、消耗偏差和经营偏差组成。

10. 消耗偏差能够揭示投入要素是否得到了有效的利用，即生产要素的消费比例比最初的计划高还是低。一般而言，这也是成本岗位经理人唯一能够施加影响的偏差值，因而被视为偏差分析的核心部分，成本岗位经理人必须对此负责。

第 4 章　作业成本法

某银行分行行长希望提高自己分行的效率，将本行贷款业务与其他同类银行相比，认为还有提高的余地。然而它下属的具体部门不能与其他分行相应成本岗位的成本进行比较。在银行向客户发放贷款的过程中，包含各种成本岗位，例如，为了确保贷款偿还，需要对客户进行偿债能力分析；向客户提供贷款咨询服务；信息技术部门维护数据库等，因此，为了实现与同类银行之间业务效率的比较，必须进行跨成本岗位的分析。对此不仅要关注各个分行所发放的贷款数量，还应关注其他与成本相关的要素，例如贷款总额。

4.1　企业经营活动的代价是什么?

根据经典的企业管理理论，企业架构可以分为组织机构和执行机构。组织机构将企业划分成具体的部门，并按照等级排列形成组织架构图。组织架构图的最顶端是企业的最高管理层，下面是各个部门的管理层，然后是各个部门具体的管理阶层。而执行机构则是按照企业生产经营活动过程的作业链来实现结构化的，从企业的研发、采购、生产制造、销售、物流等各个作业过程来展开的。每个作业之间都是相互联系的，也就是说，上一个作业的成果是下一个作业开始的输入，是一个价值不断传递的过程，从而实现企业最终价值的创造。而在量产的过程中就会涉及各个作业环节，例如“推销产品”，在某些企业中，这一作业可分为“销售准备”、“合同谈判”和“发货”三个部分，图 4.1 清楚地说明了这种水平和垂直的作业结构。

为了更好地实现企业的目标，需要对各个作业环节进行控制，保证输入输出的有效性。为了提高作业的效率，首先需要保证作业运行的透明性。对于这一点在当年雷诺与日产联盟的案例中体现得尤为明显，是联盟成功的关键因素。为了确保作业运行的透明性，需要企业明确有哪些经营活动，这些活动会造成什么后果。

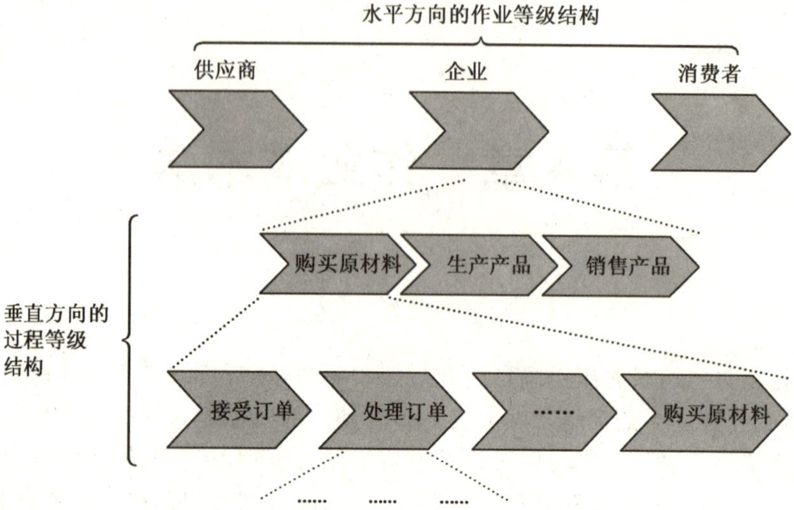

资料来源：参见 Franz/ Kajüter(2002)，第 253 页。

图 4.1　水平和垂直的作业结构

然后将经营活动中发生的成本归集到对应的作业，从而评价每个作业的结果。随着作业成本法的运用，企业管理者就会逐渐形成一个共识，通过树立作业最优化的思想观念来提高企业效率。

完成了作业分析和作业最优化，作业成本法还需要计算所有产品和服务的总成本，与之平行的还有作为成本承担者核算准备阶段的成本岗位核算。这两种成本核算系统的相同点在于两者都区分初级和次级成本；即在成本岗位核算相应范围里涉及的成本和作业成本法中从外部进入作业的那些成本都被称为初级成本；反之，人们把在企业某作业活动中产生的、进入下一个作业的成本称为次级成本。

现在越来越多的企业追求企业流程优化，也就是将作业分析和作业最优化作为一个独立、全面的项目执行，从而实现企业作业效率质的飞跃，例如中国包钢集团聘请咨询公司对其下属的众多子公司进行企业流程重组和组织架构优化，从而实现企业的高效运转。很多企业也将这两者作为一个持续性发展措施来实施，企业不断进行作业成本法改进，这是企业的长期核算目标。

事实上，成本岗位核算和作业成本法两者之间的关系更为紧密，因为作业成本法最终以成本岗位核算为前提。这是由于在作业成本法中，如在刚刚提到的那个例子中所说的，更多跨成本岗位的作业不断被确认和量化。为了确定作业的成本，则需要不断地获取关于成本岗位的成本信息，继而将其根据工作的效用按比例分配到作业中。但是从“成本导向”的逻辑上来讲，成本岗位核算和作业成本法之间还存在一个重要的区别：在成本岗位核算框架下，首先要确认成本，然后将其分配；而在作业成本法情况下，人们首先分析作业，从而能计算出这些作业产生了哪些成本。图 4.2 表明了这种相互关系。

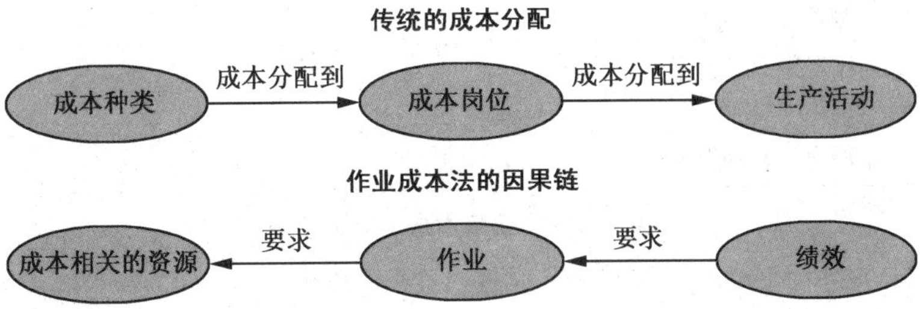

资料来源：参见 Nadig(2000)，第 304 页。

图 4.2　传统成本核算系统与作业成本法比较

自 20 世纪八九十年代，以作业为基础的成本管理系统风靡全世界，尤其在美国。由于对高度精确成本信息的需求在不断增加，尤其是对于那些面临着日趋多样化和复杂化的产品、更短的产品生命周期、更高的质量要求和更加激烈的竞争压力的组织而言，较之传统的成本核算系统，作业成本法更能发挥效用。作业基本成本管理系统重点强调不通过主观分配进行成本追溯，而是通过识别和产品产量无关的动因，提高成本分配的精确性和成本信息的总体质量和相关性。例如，考虑“在一个工厂内从一个地点向另一个地点搬运原材料”的作业，产品所要求的搬运次数与生产数量之比，是衡量产品对原材料处理作业需要量的一个更好指标，实际上生产产品数量可能与产品对材料处理作业的需要量没有任何的关系。

而在德语区，霍瓦特(Horvath)教授对“作业成本法”的后续发展起了关键性的作用，他的理论是下面所要阐述核算机制的依据。还要提到的是，作业成本法的流行与第一个有关核算模型形成时间是不一致的。事实上，这个模型理论上早在 20 世纪六七十年代就出现了，并且通过在通用电气、西门子等企业中的投入使用积累了经验。

4.2　作业成本法的流程

实行作业成本法有很多不同的步骤，这些步骤主要按照其复杂性和具体化的程度进行分类，具体参见图 4.3，下面我们将进一步解释图表中描述的九个步骤。

第一步　找出所选择的业务领域中的活动 第二步　把活动归为几道分作业	
第三步　确定每道分作业的成本动因 第四步　得出产出相关和产出无关的分作业	
第五步　计算每道分作业的执行次数和成本 第六步　计算每道分作业的成本率	
第七步　把分作业组合成主作业 第八步　确定主作业的成本动因	
第九步　计算每道主作业的成本率	

图 4.3　作业成本法的九大步骤

并不是所有企业都适合采用作业成本法,管理人员必须权衡计量成本和失误成本,所以,作业成本法的第一步就是要确定企业哪些业务领域适合采用作业成本法,对于那些间接成本所占比例较高的,并且发生很多重复活动的领域采用作业成本法是比较有意义的。对于一个企业而言,并不是所有的业务领域都需要实施作业成本法,更多情况是在同一个企业中某些领域使用作业成本法,而在其他领域则用传统的方法计算成本。因此,作业成本法不仅仅运用于纯粹服务性企业,在以生产产品为基础的企业的采购部门、质检部门或者物流部门都能使用它,一方面是因为在这些部门中通常期间固定成本所占比例比较高,另一方面,在这些部门中通常是重复一系列活动,例如物流部门总是重复"送货给客户"这项活动。

在确定适合采用作业成本法的部门之后,需要明确该部门涉及的作业活动,这个过程往往是通过与管理层或者职能部门中具有专业知识的代表人物进行面谈。面谈的问题可以用来识别进行成本核算或实现其他管理目的所必需的作业及作业属性。在面谈过程中,有些员工对精确分析自己的工作显出反感,这也是正常的,因为他们会把这当成一种令人不快的监视,就此来看,调查询问结果的可信性需要再次检验。

第二步,找出每个与作业成本法有直接关系的成本岗位内的各种不同活动,将其总结为几道分作业。例如,在与成本岗位"采购"有关的活动,如"磋商合同条款"、"发货"、"发表附加声明"就可以归纳为一道分作业,即"材料订购"。一道分作业表示一个成本岗位内活动的一个环节。把活动有意义地分成几道分作业需要很多专业经验,分得太粗则会使得结果说服力不够,分得太细则会导致过于复杂,以致不能掌握或者只能通过过度费用投入才能掌握。

第三步,确定执行每种作业的成本是多少。这要求识别每种作业消耗的资源,用英美的说法,叫作成本动因(Cost Driver)。确定成本动因取决于找到活动与其引起的一些因素之间尽可能紧密的关系。例如“协商供货框架协议”这一活动就取决于其供货商的数量，并与之形成的相互关系。此外，计算成本动因必须相对比较容易，即这些数据首先要在企业的信息系统中能直接得到，而不是为作业成本法还得费力地进行数据处理。

第四步，区分产出相关和产出无关的分作业。“产出相关的分作业”(lmi)是指该分作业与某项活动有着直接的关系，该活动能够通过一个可计量参数来表达，例如生产所需原料的采购。“产出无关的分作业”(lmn)是指这些分作业与活动的关系则比较间接，例如“领导”这道分作业。对于这两种分作业，成本核算是遵循不同的机制。

第五步，计算每道分作业的执行次数和成本，确定成本动因的数量结构。一般通过编制作业用量清单，来规定产品、预期产品产量、作业和每种产品预期消耗的每种作业数量。确定作业数量后，再确定作业成本。如图 4.4 所示，在这个步骤中，作业成本法只涉及间接成本，而不涉及(与产品相关的)直接成本，因为这个时候首先要关注的是劳力密集型的间接成本领域，通常情况下以薪金费用为主。相比之下，金额不大的租金费用、折旧费用和能源成本通常就不予考虑。然后通过作业分配率对这些间接成本进行分配。以活动分析的结果为基础，可以计算出完成一道分作业所需的工作时间和人力资源，这种很可能由很多不同的员工完成的每道分作业的工作时间可以归纳为所谓的人年。人年乘上每个员工的年工资就是人员成本。在实际中，根据实效性不会把每个员工不同的薪金费用归到每一道分作业中去，更多的情况是根据薪金费用计算出一个能在整个分作业中通用的平均率。

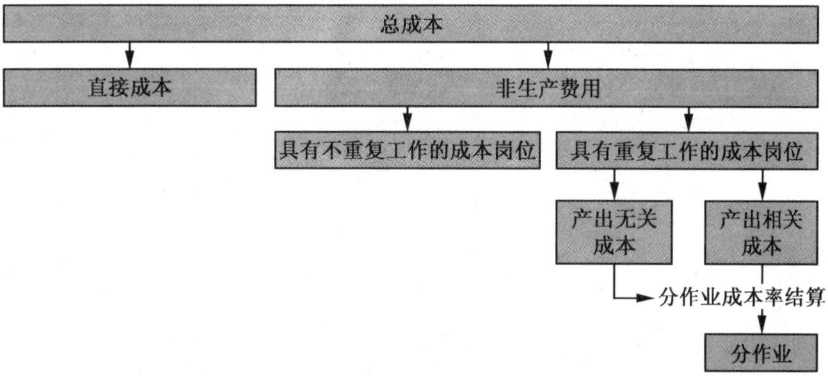

资料来源：参见 Steger(2001)，第 555 页。

图 4.4　作业成本法的成本划分

第六步，计算每道分作业的成本率，即分作业的成本与分作业的数量之比，从中我们得知一道分作业实施一次的成本，这个数值通常可以作为反映企业效率的指标，可以通过比较企业不同期间的分作业成本率或者将其作为企业间比较的参数来反映企业的效率。

对于产出无关的分作业，因为其产出数量没法确定，所以无法定义成本动因。因此，它的成本将以百分比的形式加到产出相关的分作业成本上。例如，对于一个成本岗位的间接成本，如果产出相关分作业和产出无关分作业之比为 1∶4，那么产出无关分作业的附加百分比就为 25%，然后再将这个附加百分比加到产出相关分作业成本率上。

作业成本法这六个步骤的结果可以通过表 4.1 表达出来。表中，某个企业的成本岗位"加工材料采购"的薪金费用为 1 000 000 元，根据工作投入分配到每道独立的分作业中。

表 4.1　　　　分作业成本率计算步骤

部门:采购	加工材料采购成本岗位 2112									
分作业	成本动因……的数量	分作业数量(个)	年全职工工作时间(人·年)	分作业成本			分作业成本率			
				总计(元)	产出相关作业(元)	产出无关作业(元)	产出相关作业(元)	产出无关作业分担率(%)	产出无关作业分担值(元)	总计(元)
收集报价	询盘	1 400	1.4	140	140	—	100	25	25	125
加工报价	问盘	1 250	3.4	340	340	—	272	25	68	340
提交订单	订单	1 000	2.2	220	220	—	220	25	55	275
签订合同	单独合同	125	0.2	20	20	—	160	25	40	200
索赔	索赔	500	0.5	50	50	—	100	25	25	125
送货及售后服务	送货	250	0.3	30	30	—	120	25	30	150
商谈	—	—	0.3	30	—	30	—	—	—	—
采购管理	—	—	1.7	170	—	170	—	—	—	—
		总计	10.0	1 000	800	200				

资料来源：参见 Steger(2001)，第 547 页。

在这个例子中，"购买预订货物"这道分作业分配到了 140 000 元的成本，该货物询盘的数量作为成本动因说明了这道分作业将要实施的次数，例如在此例中就是 1 400 次。我们把成本平均分配到这 1 400 次中，就能得到这道产出相关分作业的成本率为 100 元。由于在实际中，产出无关分作业成本与产出相关的分作业成本之比为 200 000 元：800 000 元，因而该分作业成本率需要另外再加上 25%。

200 000：800 000×100%＝25%

当产出相关分作业成本率为 100 元时，整个分作业的成本率就为 125 元。可以这么解释，完成一次购买过程，就可估计产生 125 元的内部成本。加工货物这道分作业内部成本为 340 元，提交订单 275 元。

第七步就是将各道分作业组合为主作业。完成活动分析，在某一特定成本岗位中归纳出各道分作业之后，需要根据实际情况，跨成本岗位的将各道分作业组合为主作业。同样，有些分作业以百分比的形式附加到作业之中，图 4.5 生动表明了作业成本法中这个再度组合各种活动的步骤，即将各活动组合成几道分作业，再组合成几道主作业。

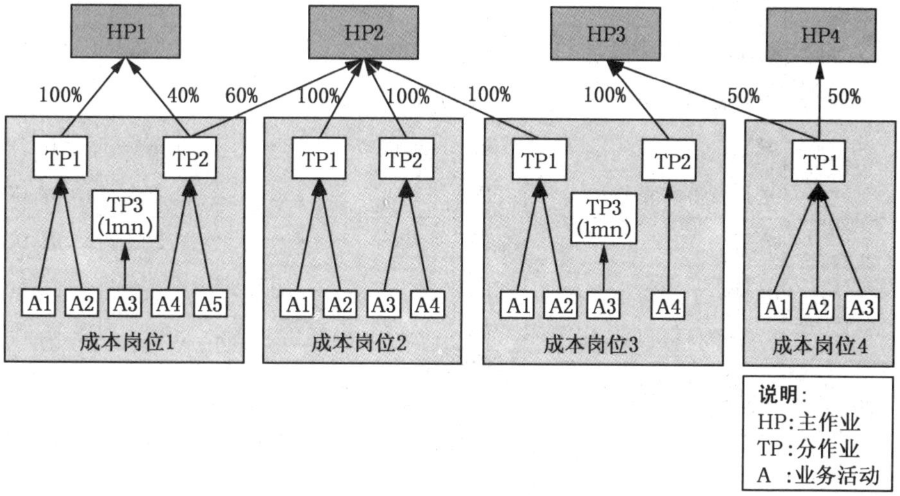

资料来源：参见 Franz/Kajüter(2002)，第 269 页。

图 4.5 作业成本法活动提炼

第八步是确定各个作业的成本动因。如果组成一道作业的各个分作业的成本动因都一样，那么确定作业的成本动因就非常容易，只要采用这个成本动因即可，但这只是例外的情况。取而代之的是，重新确定一个新的成本动因，通常需要再次通过作业的特点及其所包含的活动来确定。对于一个作业，如果其成本基数如"订单数量"数量比较大，那么分到这道作业的活动也就相应地比较多。此外，成本动因还应当能尽可能地准确测算，相应信息的获得也不应过于费时费力。

分作业和主作业之间的关系可以通过所谓的作业系数来表达，它表示构成一道主作业需要有关分作业的数量，相应的，作业系数就成了将每道分作业成本结算到主作业上的基础。作业系数可以通过分作业数量除以主作业的数量来得到，分作业成本率乘以作业系数最终就得到了每道作业所含分作业的成本。通过把这些分作业的成本相加，就能得到第九步所需的作业成本率，从表 4.1 中的例子进一步得出了表 4.2 中所示的计算结果。

表 4.2　　以包含三个成本岗位的作业"订货"为例，作业成本法活动概观

成本岗位	分作业（TP）		分作业数量（个）	分作业（总）成本率（TP）（元）	作业系数	主作业成本率（HP）（元）
2112 采购"完工材料"	收集报价	TP1	1 400	125	1.400	175.00
	加工报价	TP2	1 250	340	1.200	425.00
	提交订单	TP3	1 000	275	1.000	275.00
	签订合同	TP4	125	200	0.125	25.00
	索赔	TP5	500	125	0.500	62.50
	送货及售后服务	TP6	250	150	0.250	37.50
2214 原材料收货	收货	TP1	220	400	0.220	88.00
	验货	TP2	275	220	0.280	60.50
	分配原材料到材料岗位	TP3	220	150	0.220	33.00
2232 入库	半成品入库	TP1	220	275	0.220	60.50
每次订货的主作业（总）成本：元						1 242.00

第九步，也可以直接计算每道主作业的成本率。计算过程：将每道作业所含的分作业数量乘以其相应的分作业成本率，由此可以确定每个分作业对作业成本的贡献，然后将这些作业成本相加，就能得到作业的总成本。如果再将其除以作业的数量，就能得到每道作业的成本率了，它表明了每道作业所承担的成本。表 4.3 通过计算步骤清楚地说明了作业成本率的计算。

表 4.3　　计算作业成本的备选方法

成本岗位	分作业 (TP)		分作业数量 (个)	分作业(总)成本率 (TP) (元)	主作业成本率 (HP) (元)
2112 采购“完工材料”	收集报价	TP1	1 400	125	175 000
	加工报价	TP2	1 250	340	425 000
	提交订单	TP3	1 000	275	275 000
	签订合同	TP4	125	200	25 000
	索赔	TP5	500	125	62 500
	送货及售后服务	TP6	250	150	37 500
2214 原材料收货	收货	TP1	220	400	88 000
	验货	TP2	275	220	60 500
	分配原材料到材料岗位	TP3	220	150	33 000
2232 入库	半成品入库	TP1	220	275	60 500
订货的主作业(总)成本:元					1 242 000
每次订货需要的主作业数:个					1 000
每次订货的主作业(总)成本:元					1 242

考虑到成本动因高昂的计量成本，一般企业作业的成本结构都确定七个成本动因。然而从这个经验法则中可以看出，随着计算模式可操作性简化的程度越来越高，其计算结果的可信度降低了。从这个意义上来讲，要求对每种具体情况在结果的精确性和投入的资源之间加以权衡。

4.3　对作业成本法的评价

作业观念的引入和作业成本法的出现是现代成本会计发展的必然，它拓展了成本会计的研究领域，并将在未来处于核心地位。但是，现阶段并不是所有的企业都用这种方法，经过冷静思考之后，2000 年声称使用该方法的德国企业减少到了 5%以下[参见 Homburg/Daum (2002)]。除了能提高企业效率外，企业还意识到作业成本法方法上的不足和实际运用中的障碍。

首先，因为作业成本法的工作量太大，所以它的可操作性差。最初推出作业成本法时，它主要用于单部门和区域的成本核算和分析，在这种简单环境下，作业成本法的效果特别显著，但是如果要大范围地推行这种方法，工作量就会很大。而且获取作业成本法核算所需的成本资料有困难，传统会计信息系统下按照部门来归集和分配各项费用，而作业成本法要求根据作业耗费资源的情况、跨越了传统的部门来确定成本。因此，企业要采用此方法，势必要进行会计系统的再造，其成本较高。

其次，核算中作业划分的难题。成本动因的确定是以因果关系为主，对于一些存在但没有表现出明确因果关系的因素会被忽略，这必然导致一些作业的划分不能够准确反映真实情况。因此，作业成本法仅仅对不断重复的、产生非生产费用的活动才有意义，这需要某种活动的可标准化，这样作业成本法才能计算。不管在时间还是专业上，只出现一次的作业都没有可比性，并且不适用作业成本法来进行计划和控制。此外，对于同一行业中标准化的过程，通常是不存在跨企业间比较的。虽然在很多银行眼中，个人用户的投资管理可以通过作业成本法来考察和控制，但是大型银行的经验对于重点服务于亿万富翁的小型银行来讲几乎没什么用处。

还有核算过程中的问题。作业成本法是基于作业来分配费用的，所消耗资源的费用首先是被归集到作业中，然后再分配到产品成本中。但是，作业成本法下成本中心可能只存在一个成本动因，也可能有两个或多个成本动因，因此会产生多个产出计量单位。在将成本中心的费用分配到作业中时，就会存在这样的问题：由于多个产出计量单位的存在，作业所消耗的各种资源具有不同的计量单位，将成本归集到作业时难以准确计量资源消耗的数量，如仅限静态的货币指标，所以难以清晰地反映资源消耗情况，不能动态地强化成本管理，会影响最终产品成本计算和分配的正确性。

另外，重复相同活动，其成本就有降低趋势。这一方面是因为学习效应，即通过不断重复活动变得熟练，从而每次新增作业的效率会越高。另一方面，固定成本的跳跃会导致对固定成本组成部分核算错误。因此，如果客户一直增加，企业很可能就会买一个电子客户管理系统，然后将其购置费用和安装费用摊销在每个客户的服务费用上。为使该效应能够始终在核算中体现出来，作业系数就必须一直进行调整，这种想法得出了在实际工作中最常提到的一个反对作业成本法的理由：人工成本很高。全面的活动分析、逻辑性分析、测算成本以及建立新的存档系统等，这些都要求很多的工作时间。此外，单在作业成本法的引入阶段就常常需要外部顾问，他们懂得如何使用这个系统，然而，一个称职的顾问通常又是非常昂贵的。

员工对于引进提高透明度系统的怀疑导致引入外部顾问，因此还应注意，或许环境条件也能给基础的活动分析和活动评价设置障碍，如职工代表的反对。

有名的咨询公司，如麦肯锡咨询公司，经常受到质疑，他们试图主要通过减少人员薪金费用来降低其客户公司的成本，在这种情况下，我们这里提到的员工对不透明性的恐惧也不是没有根据的。因为只有在作业成本法中，成本才能按比例分配到工作时间上，而参与工作的人减少了，该作业成本就能大大降低。针对这种情形，过去几年德国金属业工会征聘许多顾问，他们试图在不裁员的情况下提高效率。

虽然，作业成本法存在上述弊端，但是还是存在很多优点的。作业分析以及作业成本计算为加强企业的生产经营管理、优化企业决策、减少以致消除非增值作业从而大幅度降低成本，为提高企业经济效益提供了广泛的可能性。

事实上，如果一个企业将潜在的作业最优化能力发掘出来，那么它们将大大提高自身在竞争中生死攸关的效率，而单单通过活动分析就能很明显看出这些可能。这一点对大型企业尤其适用，在那些大企业里，组织的复杂性发展出多种作业结构，系统性分析能迅速发现令人吃惊的低效率。

最后，在实施作业成本法时，还需要注意一些问题。从企业的视角来看，作业优化通常与一个新的人事计划联系在一起，包括人事变动，甚至是人员裁减。因此，运用作业成本法时要注意找到企业管理效率与社会责任间的适度平衡。

第4章的核心内容

1. 作业成本法的目标是获得企业和部门内部活动及其相关成本的透明度，并在此基础上核算产出绩效，从而找出提高效率的可能性。

2. 作业成本法只有在具有以下特点的企业和部门内使用才有意义，即固定成本占有相对较高的比重，并且有很多相同重复的活动。

3. 作业成本法的实施分为九个步骤，最后通过相关的分作业成本来确定作业的成本率。

4. 引入作业最优化措施之前应先弄明白作业成本法方法上的不足及其对有关员工的影响。

第 5 章　产品核算

5.1　产品核算目标

产品核算，也称成本承担者核算或成本核算，旨在解决成本归属的问题。从成本种类和成本岗位以及作业成本法而来的数据将支持产品核算，产品核算是要将成本根据其产生的原因尽可能准确地追溯到每个成本承担者上，也就是与企业绩效产出联系起来。

产品核算的一个重要目标是核算一种产品、一项服务，或者一项任务所产生的成本。例如，对宝洁公司来讲，就是核算每块肥皂或者每瓶洗发水的成本；上海大众主要是核算每辆汽车的成本；发电厂核算每度电的发电成本；麦当劳则计算每个汉堡的成本。

完成核算产品成本之后，就能核算或确定产品价格，并核算每件产品或每项订单的收益。如本书 5.5 节和 5.6 节中将要说明的，这可以在完全成本或变动成本基础上，即在贡献的基础上实现。此外，在项目计划中将用到产品的成本贡献(参见 5.6 节)。产品核算的另一个任务是评估存货价值，虽然外部会计在年度报表中评估存货，其价值评估则由内部会计的产品核算得到。

图 5.1 概括了在产品核算框架下的不同核算方法，从根本上可以分为两种核算类型。一种方法是加成法(参见 5.2 节和 5.3 节)，通常情况下以单件产品的成本为基础，加上非生产费用，再将摊到每件产品上的成本加总。另一种方法是除法(参见 5.4 节)，这种方法则是以完全成本为基础，除以产成品的数量。

具体方法的选择要根据以下标准：

1. 按照产品种类来核算。除法只能用于同一种类、大批量生产的产品，然而，加成法还适用于特殊产品或者非常规服务的核算。

2. 按照企业内部生产作业来核算。要区分服务作业和工业生产作业，一个工

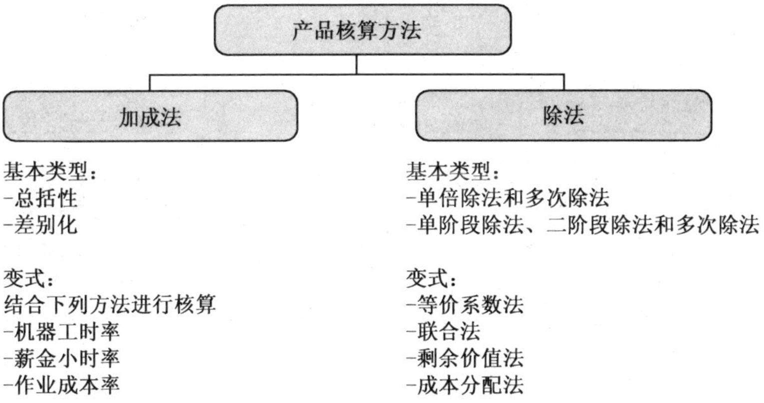

图 5.1　核算方法概览

业生产作业分为几个流程，每个流程形成半成品，流程之间存在着连接作业，对于不同的作业，应该选择合适的核算方法。

这些不同核算方法的使用条件在下面的章节里将详细解释。

5.2　加成法的基本类型

每种制造方式和每件产品的成本核算可以使用加成法，比除法优越的是，加成法还能核算特殊产品和非常规服务成本。其基本原理是将不能直接计算的间接成本分摊到产品上。核算间接成本需要得出每件产品的成本加成率，根据使用的加成率大小可以区分总括性加成法（一个总加成率）和差别加成法（每个成本岗位的加成率）。

总括性加成法要求将前期核算出的直接成本分摊到每种产品上，同时需要通过一个附加百分比来计算间接成本。

间接成本加成率＝前期间接生产成本/前期直接成本×100%

再利用间接成本加成率来计算每个产品的成本，最后将分摊到的间接生产成本加上产品期待的直接成本，计算如下：

直接成本＋直接成本×间接成本加成率＝成本

图 5.2 再次总结了该计算的基本原理。

例如一个造船厂接受了一份订单，要求造一艘船并核算该船的成本。去年该厂造了六艘船，总共产生了 10 亿元的直接成本（如购买钢铁、发动机等发生的成本），间接成本（如造船厂设备折旧费用、管理费用等）也正好为 10 亿元，这艘新船

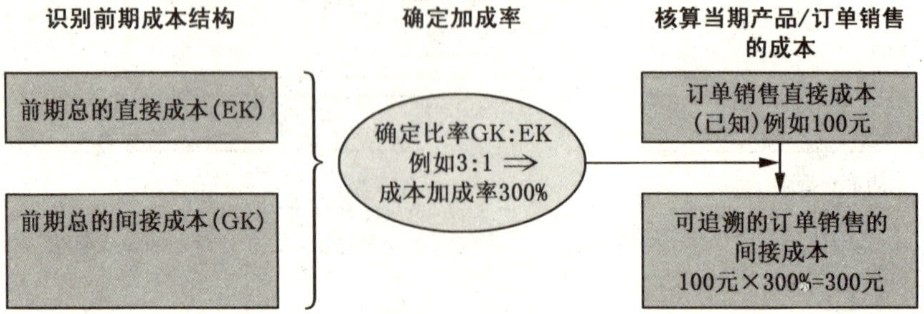

资料来源:参见 Plötner/Sieben/Kummer(2008),第 125 页。

图 5.2 加成法原理概览

的直接成本为 1 亿元,那么该船的成本核算如下(见表 5.1)。

间接成本加成率=10 亿元/10 亿元×100%=100%

表 5.1　　　简易加成法举例

新造船只成本核算	
直接成本 +直接成本×100%	1 亿元 1 亿元
成本	2 亿元

简易加成法虽然容易掌握,不需要成本岗位核算,但问题是,这个方法假定直接成本和间接成本两者之比为常数:即假定每个产品的直接成本越大(小),其所分摊的间接成本也就越大(小)。由于间接成本中固定成本占了很大比重,因此这种情况下这个常数比例就不存在了;如果要求按照成本产生的原因来核算,这种方法就不适用了。

与简易加成法不同,差异化加成法不是将直接成本按比例分摊给每种产品,而是根据间接成本产生的领域差别对待,这就涉及成本岗位核算下的企业结算问题:每个最终成本岗位都对应一个间接成本加成率,正如在第 3 章中提到的,这可以作为期末企业结算表附加的一步,在第 3 章中我们把典型的结算最终成本岗位分为原料、生产、管理和销售,并说明了如何核算这些最终成本岗位的初级间接成本和次级间接成本相应的总和,成本种类核算还需要关于同一时期直接成本的信息。相应加成率的计算通常如下:

原料间接成本的加成率等于其占原料直接成本的百分比

原料间接成本加成率=原料间接成本/原料直接成本×100%

制造间接成本加成率为制造间接成本与制造直接成本的比值——通常还要加入生产工人的薪金。

制造间接成本加成率＝制造间接成本/制造直接成本×100%

由于生产人员的薪金总是作为制造间接成本附加额的一部分，因而差别加成法也称薪金加成法。

制造成本为原料岗位和制造岗位直接成本和间接成本之和，我们以制造成本为基础来核算管理间接成本或销售间接成本。

管理和销售间接成本加成率＝管理和销售间接成本/制造成本×100%

有时管理和销售也作为两个分开的成本岗位来核算，在这种情况下要根据其各自的制造成本分别计算。

一家冰箱生产企业5月收到来自肉类批发厂的一份订单，要求为他们制造并安装一套新的冷冻设备。要计算这份订单的成本，首先要根据上个月（4月）的数据计算出间接成本加成率。

表5.2为4月企业结算表的一部分摘录，初级和次级间接成本之和那一行后面附上间接成本加成率这一行的内容。关于原材料和制造直接成本的数据来自成本种类核算，制造成本则是原料成本和制造成本之和。

表5.2　　企业结算表中的加成率计算

4月企业结算表							
所有成本 单位：千元	上游成本岗位			最终成本岗位			合计
	水	修理	食堂	原料	制造	管理和销售	
……							
初级和次级间接成本之和	0	0	0	30 000	120 000	42 000	192 000
加成基准				150 000	120 000	(150 000＋30 000＋120 000＋120 000)＝420 000	
加成率				(30 000：150 000)×100	(120 000：120 000)×100	(42 000：420 000)×100	
				20%	100%	10%	

用差别性间接成本加成率可以紧接着得到表5.3的核算结果。

表 5.3　　　　差别加成法核算模式

差别加成法基本形式 （薪金加成法）
原料成本： 产品以及订单的原料直接成本（MEK） ＋原料间接成本（MEK×原料间接成本加成率） ＋制造成本： 产品以及订单的制造直接成本（FEK） ＋制造间接成本（FEK×制造间接成本加成率） ＋产品制造以及订单产生的特殊直接成本 ＝制造成本（HK） ＋管理和销售成本： 管理间接成本（HK×管理间接成本加成率） ＋销售间接成本（HK×销售间接成本加成率） ＋产品以及订单销售产生的特殊直接成本
＝成本

每件产品或每个订单的直接成本除了原料直接成本和制造直接成本之外，还包括所谓的特殊制造直接成本（例如某种只用于这一订单特殊工具的成本）和特殊销售直接成本（例如某项订单特有的特殊包装或运输保险）。这些成本之所以称为“特殊”直接成本，是因为这些成本只产生于特殊情况，因此它们也是在相应领域（制造或销售）间接成本加总之前分别进行核算。

为计算肉类批发厂所订购冷冻设备的直接成本，需要下列数据：原料（钢铁、原料等）摊销的直接成本约为10 000元，制造（制造和安装人员薪金费用）直接成本约为5 000元，为保障该预制设备的运输安全而用的特殊包装产生了 500 元的特殊直接成本，根据上文计算而得的间接成本加成率来计算冷冻设备的直接成本有如下步骤（见表 5.4）。

表 5.4　　　　差别加成法举例

冷冻设备直接成本的计算	
原料成本：	
原料直接成本	10 000 元
＋原料间接成本（20%）	2 000 元
＋制造成本：	
制造直接成本	5 000 元
＋制造间接成本（100%）	5 000 元

续表

冷冻设备直接成本的计算	
+特殊制造直接成本	0 元
=制造成本	22 000 元
+管理和销售费用：	
管理和销售间接成本(10%)	2 200 元
+ 特殊销售直接成本	500 元
=成本	24 700 元

与简易加成法相比，差别加成法具有明显的优势，间接成本不再不加区分地一揽子加进来，而是根据其产生来源领域不同而加进来。然而这种方法还存在一个基本的问题，就是这种方法假定附加间接成本时存在一种间接成本的比例，也就是说，如果原料价格上涨，那么原料所占的间接成本就比较高；如果制造人员薪金费用提高(例如由于新的工资协议)，那么需要加入的制造间接成本就会更多；并且在上述两种情况下，管理和销售间接成本也会更多。然而在这几种情况下是否存在间接成本的固定比例并不确定，特别是在直接成本部分相对比较少，或者间接成本加成率为 100%或者更多时，这种假设就会出现问题。直接成本的加成系数将产生一种杠杠效应，从而产生极大误差，下面这个例子就说明了这个问题。

一个印刷机生产商的制造岗位用铣床和磨床生产印刷机滚筒。该装置的间接成本年平均每月约为 90 000 元，而以制造人员薪金费用形式产生的直接成本约为 18 000 元。设备每月平均使用时间为 1 200 个小时，其中每小时摊到的成本为 15 元，从而产生的间接成本加成率通常为 500%。

要求计算一项订单的成本，要完成该订单需要铣床和磨床工作 200 个小时。

制造直接成本	200 小时×15 元/小时=3 000 元
+制造间接成本(EK×500%)	15 000 元
=制造成本	18 000 元

现在由于工资率提高，制造人员薪金费用提高到每小时 16 元，那么这个计算就变成如下：

制造直接成本	200 小时×16 元/小时=3 200 元
+制造间接成本(EK×500%)	16 000 元
=制造成本	19 200 元

由于薪金费用每小时提高了 1 元，不仅直接成本增加了 200 元，还产生了另外

的 1 000 元间接成本，但是间接成本和工资谈判无关，不可能以同样规模增加。

下面我们要对这种加成法做一些修正，这些修正可以适应不同背景，排除或缩小较大的误差。

5.3 加成法的变式

下面介绍加成法的四种变式：

1. 与机器工时率相结合的算法：适用于制造机器设备为主的工业企业。

2. 与薪金小时率相结合的算法：适用于一个订单包括各几个独立分作业的情况，例如在工业生产方面的机器组装。但是以时间为单位来计算的成本一般产生于手工业或服务活动。

3. 与计划成本结算率相结合的算法：这与 3.5 节中介绍过的计划成本岗位核算相关，但不以过去数据为基础，而是以计划数据为基础的间接成本计算率。

4. 与作业成本率相结合的算法：这与第 4 章里提到的作业成本法相关，并且相应地以企业经营产出作业为基础的成本分配为前提。

5.3.1 与机器工时率相结合的核算

与机器工时率相结合的核算与差别加成法的基本形式相似，其根本区别在于对制造间接成本的处理：制造间接成本不再全部加到制造直接成本上，这样避免或减少了我们刚刚在印刷机这个例子中说明的间接成本比例带来的问题。

使用这种计算方法，需要在成本岗位核算这个环节就开始做准备工作，制造间接成本的确认和结算发生了改变，改变后的情况如图 5.3 所示。下面我们再次以印刷机生产为例来讲解这一步。

同上所述，首先在成本岗位核算中确认前期成本，同时完成制造间接成本的划分，即区分与机器有关的和与机器无关的间接成本，这在之后的结算中会用到。为此，需要在企业结算中把每台机器都作为一个制造岗位，并在企业结算表中为每个制造岗位设立两个项目，然后在每个制造岗位按是否与机器有关来区分间接成本。与机器有关的是机器成本，来源于使用机器来生产产品的间接成本，与机器无关的是其余制造间接成本，与产品无关。图 5.3 给出一个非常典型的例子。

由于制造间接成本比重很高，生产印刷机的企业用机器工时率来计算间接成本，为此现在要在企业结算表中确定铣床和磨床制造岗位的制造间接成本。2008 年 2 月总共产生了20 000元与机器无关的间接成本，而与机器相关的成本总共为 15 750元。

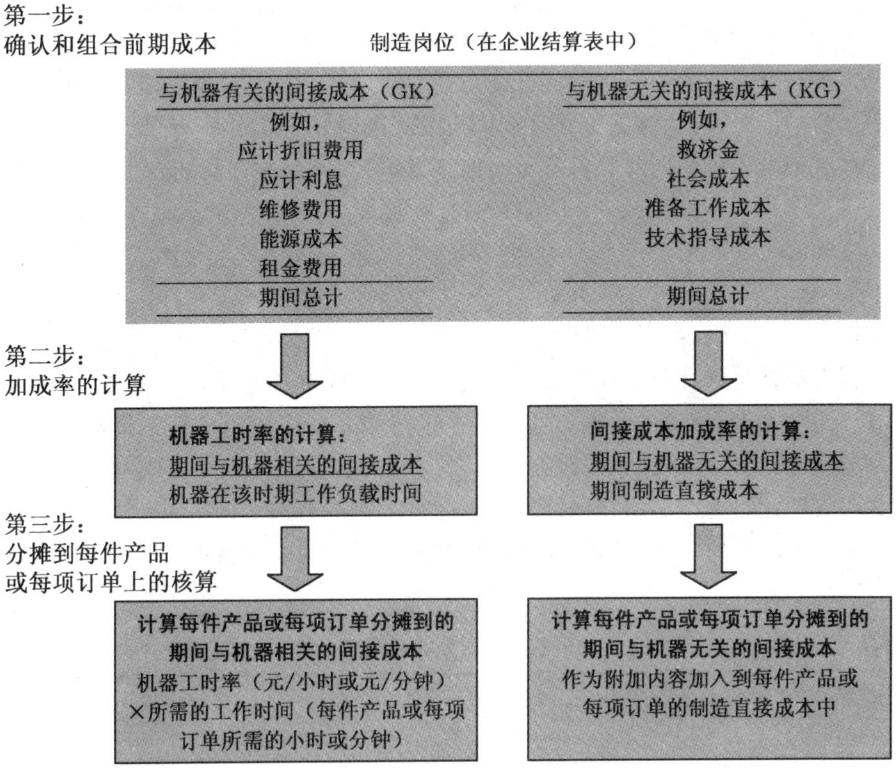

图 5.3　用计算机器工时率计算方法来计算间接成本

第二步是在制造间接成本期间求和的基础上计算出加成率，即根据与机器相关的间接成本计算机器工时率，并同时计算出与机器无关的间接成本。

机器工时率说明了机器工作一小时或一分钟产生的与机器有关的间接成本有多少。机器负载时间是指机器生产产品的有效时间，表 5.5 表明了如何区分机器负载时间和其他时间。

表 5.5　　机器时间的划分

机器总时间	有效时间	负载时间：机器运转，生产产品
		空载时间：机器运转，但不生产产品
		辅助时间：机器关闭，但仍有生成产品的能力（如加热阶段）
	保养时间：机器处于保养状态，此时不生产产品	
	休息时间：机器处于关闭状态	

通常，制造间接成本的前期余额除以同时期的制造直接成本，得出与机器无关的间接成本加成率。

铣床和磨床通常一个月负载时间为375小时，同样2008年2月它的负载时间也是375个小时，而该月制造直接成本为25 000元，因而可得：

机器工时率＝期间与机器有关的间接成本/期间机器负载时间

＝15 750.00元/375小时＝42元/小时

与机器无关的间接成本加成率＝期间与机器无关的间接成本/期间制造直接成本

＝20 000.00元/25 000.00元×100%＝80%

第三步则是计算每一件产品或一项订单的加成率。为计算每件产品或每项订单与机器有关的间接成本，需要确定生产每件产品或完成每项订单机器的负载时间为多少，然后将该时间乘以机器工时率。而与机器无关的间接成本则以百分比的形式附加到每件产品或每项订单的制造直接成本上。

正如表5.6所示，除了这一点例外，产品或订单的成本核算和差别加成法的基本形式是一样的。

表5.6　　　　机器工时率计算模式

<table>
<tr><th colspan="2">与机器工时率相结合的差别加成法</th></tr>
<tr><td colspan="2">原料成本：
原料直接成本(MEK)
＋原料间接成本(MEK×原料间接成本加成率)
＋制造成本：
制造直接成本(FEK)</td></tr>
<tr><td>＋与机器无关的间接成本
(FEK×制造间接成本加成率)
＋每件产品或每项订单与机器有关的间接成本
(机器所需的负载时间×机器工时率)</td><td>制造间接成本</td></tr>
<tr><td colspan="2">＋产品制造以及订单产生的特殊直接成本
＝生产成本
＋管理和销售成本：
管理间接成本(HK×管理间接成本加成率)
＋销售间接成本(HK×销售间接成本加成率)
＋产品以及订单销售产生的特殊直接成本</td></tr>
<tr><td colspan="2">＝成本</td></tr>
</table>

2008 年 3 月接到一份要生产 200 个印刷机滚筒的订单，需要计算该项订单的成本。整个订单的原料成本为20 000元，生产每个印刷机滚筒的制造直接成本为 300 元，没有产生其他制造成本，另外，2008 年 2 月企业结算给出了如下加成率：

原料间接成本加成率为 110%

管理间接成本加成率为 10%

销售间接成本加成率为 6%

用这些数据来计算该订单的成本，计算如下(见表 5.7)。

表 5.7　　机器工时率计算举例

原料成本：	
原料直接成本	20 000.00 元
＋原料间接成本	20 000.00 元×110%＝22 000.00 元
＋制造成本：	
＋制造直接成本	300 元×200 个印刷机滚筒＝60 000.00 元
＋与机器无关的间接成本	60 000.00 元×80%＝48 000.00 元
＋与机器有关的间接成本	200 个×1.5 小时×42.00 元/小时＝12 600.00 元
＝生产成本	162 600.00 元
＋管理和销售成本：	
管理间接成本	162 600.00 元×10%＝16 260.00 元
＋销售间接成本	16 260.00 元×6%＝9 756.00 元
＝成本	188 616.00 元

总的来说，机器工时率是一个很好的分配方法，比较适用于生产设备成本比较集中的企业，也就是产品制造对机器要求差别很大的情况。与差别加成法的基本模式相比，这种方法在计算制造间接成本方面存在一种符合逻辑的使用假定。但是，这种假定还是存在一定的问题，只运用于通过机器工时率而得到的成本种类，而利息、保养费用不能直接受机器工作时间的影响。但是如果将这些成本费用当作与制造直接成本，即与制造人员薪金费相联系的成本，会出现一个很大的问题。另外，机器工时率核算方法是昂贵的，它以具体的成本岗位划分及每个机器间接成本的确认为前提。此外，在与机器无关的间接成本计算上还存在着固定比例问题。

5.3.2　与薪金小时率相结合的核算

如果企业采用薪金小时率进行结算，意味着成本岗位的相关工作可以用工人工作时间来计量，例如企业内部进行的成本岗位核算：修理岗位或 IT 部门。对于采用手工作业的企业和服务性企业的订单核算，这种方法尤为合适。薪金小时率的计算公式为：

薪金小时率＝ 前期成本岗位成本/期间生产性工作小时数

同样的，在薪金小时率中也不能计算出总的工作小时数，我们采用生产性小时数来代替，即花在成本岗位(以及收入岗位)的工作时间总和。下面这个例子就说明了这种计算方法的形式。

一个负责厨房室内装潢的企业，需要同供应商签订的合同包括生产家具、生产电器、铺地板等，然后按照客户的意愿来布置厨房。然后通过制定工作小时清单来实行作业成本法，达到核算和控制成本的目的。清单中除了列出全部的工作时间，还确定了每个分作业之间的时间投入(如安装地板或安装洗碗机)。由于每年的订单情况都不稳定，因而需要计算每年小时率，表 5.8 是去年总结的数据。

表 5.8　　　　计算薪金小时率所需的数据

生产性总时间：5 000 小时	
工作成本(薪金费用、杂项费用)	100 000 元
工具和辅助材料的成本(压缩机、螺杆等)	30 000 元
全部车辆成本(计算的折旧费用和运输货车的利息、保险和汽油消耗)	50 000 元
其他间接成本	30 000 元
间接成本总计	210 000 元

薪金小时率＝ 210 000 元/5 000 小时＝42 元/小时

对于一份客户订单，除了经销商品(家具、家电等)的直接成本外，企业在工作时还需要达到 42 元/小时的小时率，这样企业才能收支平衡地运营(关于进一步的价格核算和盈余保障核算参见 5.5 节。)

与机器工时率一样，薪金小时率及后面将提到的计划成本率和作业成本率都用除法：成本除以工作单位，得到成本结算率。因而小时率就是把直接成本加到间接成本上的一个比率，我们在这里把它叫作加成法的一种变式。其实除法和加成法之间没有明显的边界，因此就像在手工业或服务业中小时率的计算方法，这个小时率涵盖了所有成本(直接成本和间接成本)，并形成了除法的一种形式。

5.3.3　与计划成本结算率相结合的核算

本文所介绍的核算方法都是以前期价值的成本分配为数据基础的，上个月的成本关系决定了间接成本加成率和机器工时率或薪金小时率。但是，这个基础有时候会出现问题，当企业研发出新产品进行第一次批量生产时，或者订单状况极其不稳定时，基于前期的价值计算就会出现问题。

如果实行 3.5 节中提到的计划成本结算，可以算出计划成本结算率。

计划成本结算率＝成本岗位的计划成本/成本岗位的计划参数

与上面提到的小时率一样，这些以计划数据为基础的成本结算率同样可以用于一件产品或一项订单的计算，正如下面这个例子里所表明的。

在 3.5 节中提到的冰淇淋厂中，把草莓酸奶冰淇淋装到半升杯子里的计划成本结算率为每杯 0.14 元，这作为计划消费价格算入下一步制造岗位“冷藏和储存”的计划结算中。在制造岗位，装好杯的冰淇淋需要冷藏，每一百杯包装成一箱，储存起来以备销售。从而在这个成本中总共产生了一个计划成本结算率，为 1 500 元/箱。另外还有管理和销售费用，其间接成本加成率为 5%。一个批发商的订单要订购超过 100 箱的冰淇淋，那么计算如下(见表 5.9)。

表 5.9　与计划成本结算率相结合的计算举例

10 000 杯草莓酸奶冰淇淋的计划成本计算	
订购的货物：	100 箱×1 500 元/箱＝1 500.00 元
管理和销售：	1 500.00 元×5%＝75.00 元
订单成本	1 575.00 元

5.3.4　与作业成本率相结合的核算

第 4 章我们介绍了基于成本动因的作业成本法，通过作业成本法可以建立重复性活动和非重复性活动之间的联系，这里我们可以结合作业成本率来改善以差别加成法为基础的成本核算方法。

表 5.5 和图 5.4 与第 4 章的图 4.4 一起说明，如何进一步核算在作业成本法中以成本动因来区分那些间接成本。与差别加成法核算相同，首先计算产品的直接成本，然后如第 4 章所说的，将重复性活动的间接成本分摊到每个分作业上，接着摊到每个成本动因上。相反，那些非重复性活动的间接成本将像传统的差别加成法一样，根据比例关系分配到成本动因上。这里就涉及偏离日常作业的活动，例如革新活动或者创新活动。为把这些不可确定工作数量作业的成本归到成本动因上，需要再一次用到与直接成本和生产成本相关的间接成本加成率，这种方法将用下面这个机器制造厂的例子[参见 Steger (2001)]来说明。

一个机器制造厂有两道主作业，在第 4 章已经确定的主作业“订购”里，在实施作业成本法后产生了每项订单 1 242 元的主作业成本率(见表 5.10)。接下去的主作业为“处理客户订单”，计算得其成本率为 37 330 元。

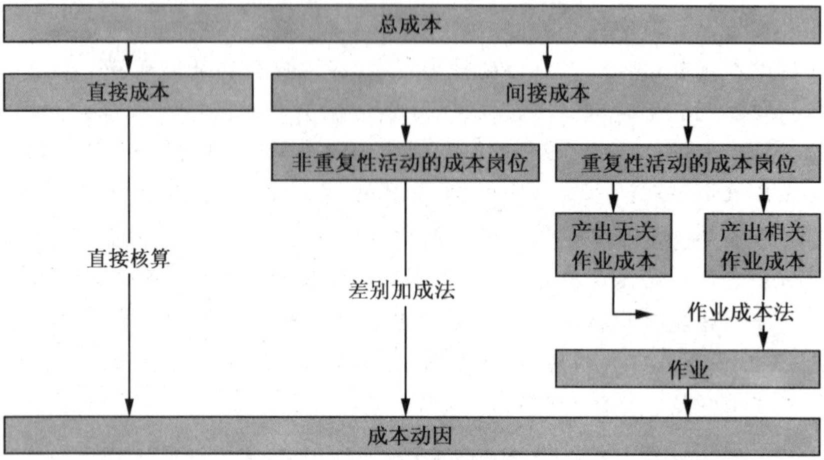

资料来源：参见 Steger(2001)，第 555 页。

图 5.4　基于作业成本法变式的框图

表 5.10　　机器制造厂的主要分作业成本率

部门	主作业	生产机型 AXT 1～8 台时的主作业数量	主作业成本率(元)
原料部门	主作业 1——原料采购	1	1 242
销售部门	主作业 2——客户订单处理	1	37 330

对于新产品，机型 AXT，还需要在此基础上计算产品订单的成本，下列信息是已知的：

原料直接成本：　　35 500 元/台
制造直接成本：　　5 300 元/台
特殊制造直接成本：　　2 400 元/台
特殊销售直接成本：　　850 元/台

此外还确定了以下几个加成率：

原料间接成本：　　13.05%
制造间接成本：　　53.74%
管理间接成本：　　13.79%
销售间接成本：　　7.07%

使用作业成本法得到下列具有非重复性活动的成本岗位的加成率：

原料剩余间接成本：　　　　2.60%
制造剩余间接成本：　　　　53.74%
管理剩余间接成本：　　　　5.55%

表 5.11 表明了以作业导向的核算如何使用这些加成率，以及产生了哪些直接成本。同时该表还列出了用作业成本率来计算不同产品数量而产生单位成本，以及来源于使用差别加成法时得到的成本，这种对比表明了各种计算方法之间的区别。

表 5.11　　单件产品或多件产品的差别加成法和作业导向核算方法的比较

	差别加成法	作业导向的计算方法			
	1台	1台	3台	5台	8台
	所有价值单位为元				
原料直接成本	35 500	35 500	106 500	177 500	284 000
原料间接成本(13.05%)	4 632.75				
主作业 1——制造原料的订购		1 242	1 242	1 242	1 242
原料剩余间接成本(2.60%)		923	2 769	4 615	7 384
原料成本	40 132.75	37 655	110 511	183 357	292 626
制造直接成本	5 300	5 300	15 900	26 500	42 400
制造间接成本(53.74%)	2848.22	2848.22	8 544.66	14 241.10	22 785.76
特殊制造直接成本	2 400	2 400	7 200	12 000	19 200
制造成本	10 548.22	10 548.22	31 644.66	52 471.10	84 385.76
制造成本(HK)	50 680.97	48 213.22	142 155.66	236 098.10	377 011.76
管理间接成本(13.79%)	6 988.91				
管理剩余间接成本(5.55%)		2 675.83	7 889.64	13 103.44	20 924.15
销售间接成本(7.07%)	3 883.14				
主作业 2——客户订单处理		37 330	37 300	37 330	37 300
特殊销售直接成本	850	850	2 550	4 250	6 800
企业总成本	62 103.02	89 069.05	189 925.30	290 781.54	442 065.91
单位成本(SK)	62 103.02	89 069.05	63 308.43	58 156.31	55 258.24

资料来源：参见 Steger (2001)，第 557 页。

从上面的计算中可以看出，两种方法计算出来的结果是不同的，作业导向的核算方法计算出来的单个产品成本比差别加成法算出来的要高。这是因为采用作业导向核算方法时，采购原料和处理客户订单这两道分作业的总成本都加到一个机器上，即机型 AXT 上，如果只生产了一台该机器，那么这时候的成本核算看起来还是可靠的，接着生产每台新机器可能都要求采购所需原料，并且每次的订单都要处理。相反，用差别加成法时，仅仅根据直接成本就能确定每部分的间接成本，在间接成本比较集中的成本岗位工作时间的长短都忽略不计了。因此，当只生产一台机器时，使用作业导向核算方法来计算成本动因的间接成本比用差别加成法要更好些。但如果是生产多台 AXT 机型，情况就不一样了。根据差别加成法，只要把成本乘以生产出的机器台数即可，每台机器成本是不变的。相反，作业导向核算方法把成本分摊到每台机器上，这是因为此时的作业成本包括很多台机器的成本。因为其中的间接成本更为精确地分摊在每台机器上，因此生产 5 台机器产生的成本比用加成法算出来的要少。

总而言之，通过产品核算可以获得很多对于企业战略决策有关的信息，除了上面推算产品成本，还可以计算成本最小时对应的产量，从而对成本进行最优化处理。一般企业会通过对生产机构进行人员精简、减少人员冗余，提高作业效率，或者企业通过调整库存，采取大规模采购获得购货折扣来减少购货成本。虽然产品核算与作业成本率相结合的方法具有很多优势，但还是要考虑到对作业成本法的批评（参见 4.3 节），即核算本身的成本较高，这里也有这个问题。

5.4 除法核算

除法与加成法是不同的两种方法，它是将成本除以生产并销售的产品数量。为了保证成本按工作数量单位进行分配，只有是同类产品才能使用除法。根据产品数量、制造的复杂性和制造方式可以分为几种不同的除法变式。下面我们就说明除法的基本形式、等价系数法和联合法。

5.4.1 除法基本形式

按照产品等级数量，除法的基本形式可以划分为单阶段除法、二阶段除法和多阶段除法，按照产品种类数量可以分为单倍除法和多倍除法。除法基本形式适用于核算同类产品量产的成本水平。如表 5.12 所示，这种方法能在任何一种组合方式中使用。

表 5.12　除法基本形式概要

产品种类数量 / 产品等级数量	一个同类产品	多个同类产品
单阶段	单倍单阶段除法	多倍单阶段除法
二阶段	单倍二阶段除法	多倍二阶段除法
多阶段	单倍多阶段除法	多倍多阶段除法

下面首先来介绍单倍的单阶段、二阶段和多阶段除法，即计算一个同类产品的方法。然后介绍多阶段除法的原则，不过这个原则其实是通过二阶段除法的例子来说明的，然后引出另外一种针对多种产品的除法变式。

单倍单阶段除法就是把一个时期内的总成本除以生产的所有产品数量，例如件、吨、升等。这个成本的计算如下：

每单位产量的成本＝总成本/生产的产品数量

一家巧克力生产企业，一个月的总成本为 100 万元，这个月生产的巧克力有 20 万盒，用单阶段除法可以算出每盒巧克力的成本是 5 元。

首先介绍单倍单阶段除法，这种方法只适用于产品结构单一的企业，所以有很多局限性。例如对于上面巧克力企业，如果只生产一种巧克力和巧克力盒就可以采用这种方法，而且当期的产量与销量要相等，就是不能存在库存，否则会出现误差。因为那样的话总成本中只有一部分来源于生产活动，销售产品产生的成本还包括了其他的产品件数。

二阶段除法克服了上面对于库存的限定，它将总成本分成生产成本、管理和销售成本，这样，其成本的计算方法就如下：

每单位产量的成本＝生产成本/生产的产品数量＋管理和销售成本/销售的产品数量

在上面例子里提到的那个企业生产了 20 万盒巧克力，但在同一个月里只销售了 5 万盒，另外还库存 15 万盒。而其 100 万元的总成本中，生产成本为 90 万元，管理和销售成本为 10 万元。根据二阶段除法来计算就能得到每盒巧克力的成本为 6.5 元：

900 000 元/200 000 盒＋100 000 元/50 000 盒＝4.5＋2＝6.5 元/盒

二阶段除法除了能确定成本外，还能确定每单位产量的生产成本，在这个例子里是 4.5 元/盒，这个数据可以用来评价库存情况。

因此，库存的 15 万盒巧克力可以用每盒 4.5 元的成本来计算，总共得到存货为 675 000 元。

通过上面的例子，我们可以看出二阶段除法只适用于生产分两阶段分作业(例如分为生产和管理/销售)，其中制造只需要一道工序就可以完成的情况。

如果制造分多道工序才能完成，而且生产制造的过程中还会出现半成品和暂存产品，此时就需要通过多阶段除法来处理。用这个方法，成本将根据企业生产流程分为好几个步骤来确定，首先通过第一个制造阶段可以确定每单位产量的成本，即：

$$\text{现时阶段单位数量工作的成本}=\frac{\text{用前阶段成本来计算的原料消耗}+\text{现时阶段的制造成本}}{\text{现时阶段生产的产品数量}}$$

对于二阶段除法，只需要直接将生产成本（包括材料成本和制造成本）除以产量，但是，现在涉及各个不同的制造阶段，不同的制造阶段对应的单位产量成本也不同，为了正确地评估存货情况，需要分别多次计算。这里，需要注意两个特点，一个是制造阶段的原料成本来自对半成品的使用，其成本在计算过程中就确定了。如果半成品不仅来自现时的生产，还来自库存，那么就很有必要对原料消耗进行评估，对此要使用在 2.2.1 节中介绍的综合评估方法（加权平均法、先进先出法，后进先出法等）。另一个特点是还需要一个相应的有差别的成本岗位核算，来确定各个制造阶段的制造成本。

算出各个制造阶段的制造成本之后，核算就进入了最后一个阶段：管理和销售。将管理和销售成本与售出产品的成本加总，除以售出产品数量就可以得到每单位产量成本。

一个企业通过多个阶段分作业来生产木块，即小型压缩性木块，用于壁炉烧火。制造该木块前要采购木屑，第一个制造阶段要将木屑研磨成木粉，然后在第二个制造阶段将木粉用机器烘干，再压缩制成木块，这些生产出来的木块要进行批量销售，原料（木屑）、半成品（木粉）和成品（木块）都要暂时库存起来。图 5.5 说明了企业工作生产这一流程。

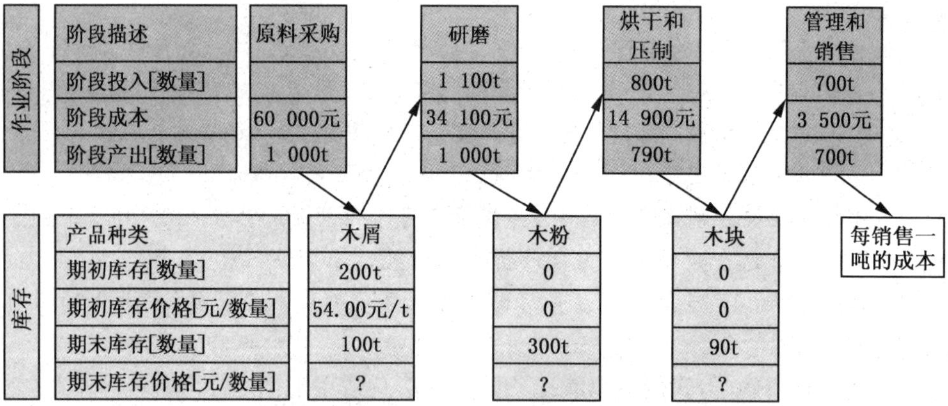

资料来源：参见 Plötner/Sieben/Kummer (2008)，第 146 页。

图 5.5　多阶段生产框图

另外，图 5.6 还包括了对成本核算十分重要的现时数据，并且存货状况在这时也能通过加权平均法来评估。用多阶段除法计算成本是分阶段逐个进行的，每个必需的计算步骤及其（暂时的）结果见表 5.13。

表 5.13　　多阶段除法算例

阶段 1	原料采购 木屑	$\frac{60\ 000\text{元}}{1\ 000\text{t}}$	=60.00 元/t
库存 1	库存价值评估:木屑	$\frac{1\ 000\text{t} \cdot 60\text{元/t}+200\text{t} \cdot 54\text{元/t}}{1\ 200\text{t}}$	=59.00/t
库存 1	期末库存价值	59.00 元/t・100t	5 900 元
阶段 2	研磨	$\frac{1\ 100 \cdot 59\text{元/t}+34\ 100\text{元}}{1\ 100\text{t}}$	=90.00 元/t
库存 2	库存价值评估:木粉	没有期初库存	=90.00 元/t
库存 2	期末库存价值	90.00 元/t・300t	27 000 元
阶段 3	烘干和压制	$\frac{800\text{t} \cdot 90\text{元/t}+14\ 900\text{元}}{790\text{t}}$	=110.00 元/t
库存 3	库存价值评估:木块	没有期初库存	=110.00 元/t
库存 3	期末库存价值	110.00 元/t・90t	9 900 元
阶段 4	管理和销售	$\frac{700\text{t} \cdot 110\text{元/t}+3\ 500\text{元}}{700\text{t}}$	=115.00 元/t

销售的木块成本为 115 元/吨,如果木粉的市场价格已知,那么就可以根据这些数据来决策,是否值得卖出多余的存货(例如下面生产人造木头的例子)。

如果要销售多阶段生产过程制造出来的半成品,那么适宜的方法就是根据多阶段除法,确定该半成品到最后一个制造阶段的成本。再利用多阶段除法的原则,把管理和销售成本摊销到不同的产品上。

至此为止,我们已经完成了对单件产品除法核算的介绍。为了计算单位产量的成本,可以采用单阶段、二阶段或多阶段来核算。对于现代大多数的企业而言,多倍除法具有更广泛的应用性,因为很多企业都涉及很多产品,只能采取多倍除法。

如果通过各个相互独立的分作业生产和销售多种产品,那么就可能确定每种产品的总成本。为计算每单位产品的成本,可以将每种产品总成本除以各自的产量(件数、订单个数等),然后就能像上面所说的单件产品核算一样,分单阶段、二阶段或多阶段来计算。

如果存在不能直接结算的跨产品种类间接成本,那么这个多倍除法就需要一种独特的解法,即要确定这些间接成本的分配比例。它们既可以平均分配到各个产品种类中,作为间接加成率加到直接成本上,也可以用不同的分配系数(例如按产量比重)来进行分配。

此外,多倍除法除了适用于批量生产之外,系列生产也是一个典型的例子(对于需要多倍除法的特殊形式,我们在下面章节会讲到)。系列生产是指大量产品相继地在同一产品设备中生产，系列生产的产品（如电视机和影音设备）在使用的原料和制造分作业上都是有明显区别的。

某企业专门生产人造木模型（与带胶的木粉结合），一个制造设备能将人造木铸造成三个系列的模型，然后进行染色和上漆：世博海宝、车模（树模型、房子模型等）和托架（带有90度倾斜架子装饰物的天使像）。制造每个系列的时候都要将设备完全重新组装，然后产品都根据其各自不同的组块数量（例如20个世博海宝）包装起来，批量销售。

成本的大部分可以直接结算到以各个独立制造分作业为基础的产品种类上，间接成本分配到制造设备的监控和维护、管理以及销售上。分配间接成本可以使用多倍除法，但还是必须要先确定使用怎样的分配比例。表5.14就用一个例子说明了如何根据使用的比例参数计算成本。

表5.14　　用不同方式分配间接成本时的二阶段多倍除法

获得相关数据（过去时期）				
	世博海宝	车模	托架	总计
产量（组）	7 000	5 000	4 000	16 000
产品重量（千克）	3 500	2 000	1 500	7 000
产品种类直接成本（元）	140 000	120 000	160 000	420 000
产品种类间接成本				42 000

核算（现时时期）				
单位产量的直接成本（元/组）	20	24	40	
分配间接成本并确定成本（三种方法）				
方法1 —平均分配间接成本：42 000元∶3=14 000元/种产品				
总间接成本（元）	14 000.00	14 000.00	14 000.00	42 000.00
单位产量的总间接成本（元/组）	2.00	2.80	3.50	
企业总成本（元）	154 000	134 000	174 000	462 000
单位产量的企业成本（元/组）	22	26.8	43.5	
方法2 —用加成率来分配间接成本：(42 000元∶420 000元)×100= 10%				
总间接成本（元）	14 000	12 000	16 000	42 000

续表

单位产量的间接成本(元/组)	2	2.4	4	
企业总成本(元)	154 000	132 000	176 000	462 000
单位产量的企业成本(元/组)	22	26.4	44	
方法 3 —根据产品重量比例来分配间接成本:42 000 元:7 000 千克=6 元/千克				
总间接成本(元)	21 000	12 000	9 000	42 000
单位产量的间接成本(元/组)	3	2.4	2.25	
企业总成本(元)	161 000	132 000	169 000	462 000
单位产量的企业成本(元/组)	23	26.4	42.25	

表 5.14 中的计算例子说明了比例参数选择是非常重要的,因为它在很大程度上决定了计算出的成本大小。

正如在阐述小时率时提到的那样,除法和加成法之间没有明显的界限。从这个多倍除法的例子中就可以明显看出,除法和加成法还可以相互结合,从而通过加成率来结算间接成本。

下面要讲述的最后两种除法变式是多倍除法的变式,也用于批量生产中多种产品的订单核算或件数核算,其特点是每种方法都与批量生产特定的产品条件相联系:等价系数法用于分类生产(参见 5.4.2 节),而联合法用于具有联合过程的生产(参见 5.4.3 节)。

5.4.2 等价系数法

为了引入等价系数法,我们需要区别分类制造和系列制造。两者都是在同一制造设备上制造大量产品。但不同的是,系列制造生产出来的产品不是同质的,可能只是拥有同一个产品概念而已;而对于分类制造而言,意味着生产出的产品是类似的,只是在特定细节上会有区别,例如带有不同添加剂的各种巧克力、硬度不同的木条、不同硬度或印刷不同的纸张。其种类的特点是,它们都需要更改制造过程(不同的材料、加工和库存的时间),从而处于一种固定的成本动因比例关系。这种成本的比例关系体现在其比重,也就是所谓的等价系数上。在等价系数法中,等价系数能使成本尽可能地根据其产品来源来分配。待分配的成本包括生产成本或者间接成本,根据不同情况,不同的成本组有不同的等价系数。

表 5.15 用一个啤酒生产的例子总结了等价系数法的计算方法,这种方法分几个步骤。

表 5.15 等价系数法举例

啤酒厂 5 月份的总成本:53 400.00 元					
啤酒种类	产量(升)	等价系数	等价量(升)	每单位产量成本	每种的成本
第一步			第二步	第四步	
啤尔兹(Pils)	50 000(升)	1	50 000(升)	0.6 元/(升)×1=0.6	30 000
威森(Weizen)	30 000(升)	0.9	27 000(升)	0.6 元/(升)×0.9=0.54	16 200
阿尔特(Altbier)	10 000(升)	1.2	12 000(升)	0.6 元/(升)×1.2=0.72	7 200
			89 000(升)		53 400
	第三步				
	每单位等价的成品				
	53 400 元/89 000(升)=0.6 元/(升)				

第一步要列出每种产品种类及其产量,另外还需要这些产品种类之间成本关系方面的数据,例如采购部门和技术部门的成本关系。根据产品种类,这些数据可以是包括产生成本的具体原料、库存时间和规模以及制造阶段的区别等。对于这个啤酒的例子来讲,需要的数据来自原料(例如不同品种的酵母和啤酒花)、制造阶段的具体情况(例如机器温度和库存时间)以及瓶子的不同大小,这些正是能区分不同种类啤酒的成本。

上面的第一步就是计算等价系数,通常选择其中一种产品作为标准品种,规定其等价系数为 1,其他产品以此为基础进行计算。上述例子中标准品种是选择产量规模最大的啤尔兹,管理实务中也可以把需要进一步加工的基础产品作为标准品种,例如,当生产的产品有画线的纸、方格纸、菱形格子纸时,把还未画线的白纸作为标准品种。

从例子中可以看出,威森产生的成本比标准品种啤尔兹的成本少 10%,而阿尔特产生的成本多 20%,由于啤尔兹作为标准品种,等价系数为 1,因而威森的等价系数为 0.9,阿尔特的等价系数为 1.2,这些数字代表确定生产各种产品成本关系的比重。

第二步把产量以其各自的等价系数加权得到等价量,这是成本分配时所用到的计算参数,等价量是指用同样成本来生产等价系数为 1 的标准品种的数量。

第三步把待摊成本(如总成本)除以等价量总和,这样就得到每等价量的成本结算率。

第四步把该结算率乘以各自的等价系数,得到每单位产量的成本,在本例中就是每种啤酒每升的成本。然后将其乘以产品的实际产量就得到了种类成本。

把种类成本相加可以检验计算，相加的和应当与待摊成本总和相等。

本例分配总成本，而其结果正好与企业成本（每单位产量和每种产品）相对应，然而通过等价系数法还可以把生产成本或某个制造阶段的成本分摊到每种产品上。为了计算出企业成本，在这种情况下还需加上其他的成本部分（例如再加工成本或销售成本），这一点可以通过已经介绍过的除法或加成法修正法来实现。

5.4.3 联合法

许多制造业工厂在生产过程中，使用一种原材料同时生产两种或更多产品，这就是所谓的联合生产过程。例如，石油钻探是典型的联合生产过程，一家公司无论什么时候钻探石油，它总是同时得到天然气。同样地，如果一家公司想得到天然气，必然同时得到石油，这两种产品在分离点之前是不可分离的。这种不可分离性导致了联产品成本核算的复杂问题，即使除了主要产品外并不期望产生副产品，但是在成本核算时也必须考虑副产品。联合生产过程一般出现在化工领域，例如上面的石油勘探，但是也有例外。例如一个锯木厂除了生产木块以外，还会产生木屑和刨花，这些就是（副）产品，有很多用途（例如可用于制纸工业、生产麦片条包装）。制酒厂在压榨葡萄后会留下葡萄皮和葡萄核，即所谓的渣滓。葡萄汁用于制酒，而渣滓就可以通过蒸馏加工成格拉巴酒。

原则上几乎每个生产过程都有一个联合过程，这是因为通常都会产生需要净化或过滤的废品、废气等，从而产生成本。从狭义上来讲，联产品就是指具有市场竞争力的主要产品和副产品，也就是可供销售的产品。然而产品和废品之间的界限是很模糊的，最后这些废品还有无数再利用的可能，例如玻璃制品再循环或者塑料再循环，以及利用废热等，可以把这些能产生成本的“非产品”制成可用的、具有市场竞争力的产品。

对于联合生产过程而言，间接成本核算不能够再按照之前的成本分配原则：尽可能将成本单独地追溯到所生产的产品。例如对于一个菠萝罐头生产企业的辅助部门维修部而言，该部门修理和维护全厂的生产机器。其中菠萝汁需要在装罐部进行烹饪，而菠萝块需要在装罐部被制成罐头。此时，维修成本在菠萝汁和菠萝块之间进一步的分配就不能再按照作业成本法中的成本动因进行分配，所以联合加工可能限制了作业成本法中的作业动因。因此，接下来我们引入一些不同于以往的成本分配观点。

联合法从根本上分为两种方法：当这个联合产品区分为主要产品和副产品时，使用剩余价值法；当要把成本分配到大量主要产品上时，使用成本分配法。

一个联合过程是天然的（或者受技术条件限制），要想区分联产品是主要产品还是副产品是不可能的，这更像是一个企业决策，其主要标准有联产品的市场竞争力。

剩余价值法的前提是：联合成本的发生是为了获得主要产品，因此副产品的收入应当从主要产品成本中扣除出去。这样算出来的成本剩余价值将结算到主要产品上（通过单次除法），或者分配到主要产品上（通过成本分配方法，见下面的内容）。

计算剩余价值的一个基本公式是：

企业总成本－副产品带来的收入＝总成本的剩余价值（结算到主要产品上）

为了考察对副产品的处理是否经济，首先要计算副产品的用途及其贡献：

副产品带来的收入－再处理和销售副产品带来的成本＝副产品的贡献

如果再利用副产品带来的成本比副产品带来的收入要多（贡献为负数），就需要评估，是否有可能降低副产品的直接成本，或者在成本上，是否可能有处理这个副产品更实惠的方法，负贡献要求必须采取行动。

剩余价值的计算可以适当地扩展到对主要产品的计算：

企业总成本－再处理和销售副产品的成本－副产品的贡献＝总成本的剩余价值（结算到主要产品上）

这只是计算该剩余价值的另一种扩展方法，其包含了更多的信息，即贡献。

计算联合成本剩余价值的另外一种方法是：

联合成本（联合过程的原料和制造成本）－副产品的贡献＝联合成本剩余价值（结算到主要产品上）

用二阶段或多阶段来计算是有优势的，正如上面提到的，二阶段除法可以避免存货改变引起的误差，因而，当生产的产品数量与库存数量不一致时，这种方法就比较适合。当制造过程除了联合过程还有其他制造阶段时，比较适合用多次除法。下面这个例子说明了在二阶段除法基础上剩余价值法的使用过程。

锯木厂里需要为建筑锯方木，锯掉之后将方木防腐，然后以可运输的状态包装好，发货给客户。锯木产生的刨花和锯木屑被视为副产品，它们用袋子包装好然后卖给批发商。表 5.16 列出了计算相关的数据以及计算的每个步骤。

表 5.16　　根据剩余价值法的联合法举例

相关数据总结（上个月）	
产品间接成本：	
锯木成本	2 019 400
销售和管理间接成本	504 000

续表

产品直接成本(再加工、包装、运输)和其他信息:相关数据总结(上个月)				
	直接成本	产品数量	销售量	销售价格
方木	100 000	20 000	18 000	350
刨花	4 000	8 000	8 000	4
木屑	3 600	3 000	3 000	5

主要产品(方木)直接成本的计算		
第一步:计算副产品的贡献		
	收入(产品数量×销售价格)－直接成本＝	贡献
刨花	8 000×4－4 000	28 000
木屑	3 000×5－3 600	11 400
副产品总计		39 400
第二步:计算联合成本的剩余价值		
联合成本		2 019 400
－副产品的贡献		39 400
＝剩余价值		1 980 000
第三步:计算主要产品的成本		
每立方米生产成本:1 980 000/20 000		99
每立方米管理和销售成本:504 000/18 000		28
每平方米成本		127

剩余价值法的核算简便性受到了一些会计人员的喜爱。但是这种方法低估了主要产品的成本,而且主要产品成本会由于销售副产品数量的不同而在各月之间不同。所以,我们介绍另外一种方法:成本分配法,该法的原则与之前的等价系数法有点类似,也是根据特定的比例系数把成本分配到主要产品上。但是等价系数是一个成本动因比例系数,其基础是输入参数(如原料价格)和作业参数(如加工时间)。但是由于存在联合作业,成本动因比例系数无法确定,因此需要其他比例系数,应运而生的主要有两种系数:

1. 与输出有关的技术系数,例如,对一个炼焦厂来讲,就是由联产品焦炭和煤气产生的热量单位比例。

2. 市场价格以及联产品可获得的收入，在这种情况下，成本分配要根据承载能力原则。

一个企业，从农业企业收购不同粮食种类，并将其加工再销售。其中一个生产步骤就是大麦分类，就是将收购来的大麦根据其胚芽大小分类：褐色的大麦销售给制酒厂；饲料麦销售给畜牧业企业。为计算这个步骤产生的成本，可以用成本分配法根据销售它们带来的收入把分类大麦的联合成本分配到主要产品上。

表 5.17 列出了计算步骤。2008 年 2 月大麦共产生 10 200 元的联合成本，为销售而再加工的褐色大麦有 8 吨，饲料大麦 1 吨，褐色大麦的销售价格为 1 380 元/吨，饲料大麦的销售价格为 960 元/吨。用这些数据可以计算出它们带来的收入和所占的总收入比例，最后根据收入所占百分比把联合成本分配到产品上。

表 5.17　　根据成本分配法的联合法举例

分类大麦的联合成本			
原料成本(使用了 10 吨大麦，其中每吨 800 元)			8 000
制造成本			2 200
联合成本总计			10 200
联产品	带来的收入	收入比例	联合成本
褐色大麦	8×1 380＝11 040	92％	9 384.00
饲料大麦	1×960＝960	8％	816.00
总　计	12 000	100％	10 200.00

5.5　完全成本价格和业绩核算

需求是定价公式的一方面，供给是另一方面。由于公司为了获利必须使收入能弥补成本，因此很多公司从成本出发来确定价格，也就是说，它们计算出产品成本，并加上期望的利润。这种方法的原理很简单，通常有一个成本基础和一个加成率就可以确定产品的价格，这种定价方法称为成本加成法。价格制定之后，随着产品的销售获得销售收入，就可以通过收入和成本的差额来确定产品或订单的利润。

商业企业定价的时候一般是以成本为基础，主要用于计算公共事业订单(例如装修学校)。尤其是在贸易核算的时候，除了利润加价还要根据每个客户或客户群的要求考虑一些其他的数据，主要有以下三点。

1. 当客户在一定的期限内付款，那么常常会有现金折扣，选择的现金折扣率可以是3%～5%，从账单总额里扣减。如果订单价格的预算中没有考虑现金折扣，那么预算的毛利将由于现金折扣而减少。

2. 在特定的时间订购大量货物的折扣（数量折扣），或者是给定期订购一定数量货物的折扣（忠诚度折扣），会约定在账单上给予一定的减价。事后所定的价格减价（例如订购超过一定数量的货物）叫作补偿折扣。如果事先没有加上一定金额，现金折扣和补偿折扣这两种折扣方式都会减少毛利。

3. 涉及账单价格和价格清单，或者是代销货物的标价，还要考虑销售税。

但是现金折扣不仅会在订购一定数量货物时会出现，还经常在订购量以及账单价格超过最低额时提供，另外在订购多种货物的时候也会提供。补偿折扣也是如此：随着销售额增大，就给客户汇出或支付一定金额。如果现金折扣或者补偿折扣不是仅仅涉及某些特定产品或订单，这时就会出现混合核算、间接收入以及收入削减。

表5.18表明了贸易核算的模式中如何使用这些参数。

表5.18　　　　贸易核算模式

贸易核算模式
企业成本 ＋利润加成（与成本的百分比）
＝付现销售价 ＋现金折扣加价（延期付款扣减额的百分比）
＝目标销售价 ＋现金折扣和补偿折扣加价（净销售价扣减额的百分比）
＝净销售价 ＋销售税率（与净销售价的百分比）
＝毛销售价

与在加成法中一样，利润加成和销售税也是以加价基础的百分比形式计算。但是考虑可能的付现折扣和现金折扣带来的加价时一定要注意，这表示的是从目标销售价，即净销售价中扣减的百分比。运用一个简单的比例法则可以如下确定加价：

付现折扣加价＝毛销售价×付现折扣率/（100%－付现折扣率）

现金折扣加价＝净销售价×现金折扣率/（100%－现金折扣率）

一个批发商向超市转卖夹克，要计算发给零售商的价格清单上的毛销售价。

计算得每件夹克的成本是97元，并且应该得到利润为20%。两周内付款给予3%的付现折扣，订购50件以上夹克给予20%的数量折扣。销售税率为17%，表5.19表明了如何通过这些数据来计算其毛销售价。

表 5.19　　贸易核算举例

订购50件夹克的计算	
成本	50件×97元/件=4 850元
+利润加价(20%)	4 850元×20%=970元
=付现销售价	5 820元
+付现折扣加价(目标销售价的3%)	(5 820元×3%)∶97%=180元
=目标销售价	6 000元
+现金折扣加价(净销售价的20%)	(6 000元×20%)∶80%=1 500元
=净销售价(价格清单上的价格)	7 500元
+销售税率(1%)	7 500元×17%=1 275元
=毛销售价	8 775元

相反，计算每件产品或每项订单的利润时要以实际利润为出发点进行逆行计算，本例中的情况如下。

一个大客户订购了5批50件的夹克，其数量折扣为20%(净销售价的20%)，不给予该客户付现折扣。

表5.20说明了如何计算该客户的账单。

表 5.20　　账单计算举例

价格清单上的净销售价	5批×7 500元/批=37 500元
一数量折扣(20%)	37 500元×20%=7 500元
=账单金额净值	30 000元
+销售税(17%)	30 000元×17%=5 100元
=账单金额总额	35 100元

企业损失金额为销售税5 100元，表5.21表明了如何计算该订单的实际净收入。由于没有付现折扣，实现的实际利润比预算要高一些，高出的百分比在这里称为边际利润。

表 5.21　　计算一个订单收入和边际利润举例

第一步:计算收入		
净收入		30 000 元
一成本	5 批×4 850 元/批=	24 250 元
=利润		5 750 元
第二步:计算边际利润		
边际利润		
● 成本部分:	5 750 : 24 250×100%=	23.71%
● 净收入部分:	5 750 : 30 000×100%=	19.17%

边际利润占成本的百分比为预算中的利润加成,而边际利润又总是用占净收入的百分比表示,因此边际利润是净收入减去成本后获得的利润部分。

公司利用各种策略来设定价格。由于成本是供给的一个重要决定因素,并且它为生产者所熟知,因此很多公司都以成本为基础来设定价格。然而还有其他一些企业利用一种目标成本策略或以市场初始条件为基础的策略来设定价格。

除了上面两种定价方法,对于商品种类繁多的贸易企业或者产品多样的生产或服务型企业,制定价格策略时还会使用一种混合核算方法,一些产品的价格甚至比成本还要底,同时通过其他高边际利润产品结合来达到销售收入与成本之间的平衡,例如我们可以从纺织品零售贸易的例子来考察:过季的衣服特价出售这是很典型的,新品的定价则来弥补过季衣服可能带来的损失。

随着社会的进步,越来越多的企业在不同的发展阶段会采取不同的定价策略,而不是以成本为导向。例如,为了迅速地建立起市场份额,对一种新产品确定较低的初始价格,甚至可能低于成本,这种定价方法称为渗透定价。或者是在一种产品或服务刚被引入市场时,对其索要较高的价格,就是所谓的撇脂定价。

因此,单纯地使用成本定价法和利润定价法都不能单独解决企业产品定价的问题。而且当需要对每件产品或每项订单的利润进行调整时,以成本为基础的定价策略就显现出不足之处,主要体现在固定收入和间接收入,以及固定成本和间接成本。例如,核算单位产品利润时,折扣额在固定收入和间接收入之间的摊销问题以及固定成本和间接成本的分配比例问题。用什么方法在成本岗位核算和成本动因核算的框架下来确定该比例,会对核算所得的单件产品利润产生很大的影响。由于这个比例的确定总是有一定的任意性,因此在完全成本基础上计算出来的单件产品利润的可靠性是受限制的。

从时间的维度上来说,长期和短期企业的定价策略是不同的。例如上面提到的，为了尽快地占据市场可能会采取低于成本的价格策略。但是，从长期的角度来看，企业是一定要获得利润的。具体的区别，我们将在第 6 章深入讲解。

5.6 产品变动成本核算

下面我们要在产品核算框架下面介绍贡献核算的概念，它的基础思想是，从成本结构和成本状况的角度出发，不是每件产品都要承担全部的成本。这意味着贡献核算时，存在不能归因到每件产品或每项订单的其他成本，这里的成本从不同角度有不同理解。从直接归属角度，它属于间接成本；从对工作的依赖性角度，是指固定成本；从企业的决策层面来看，就是独立的不相关成本。其实，从合理性的角度来看，产品不需要全部承担这些成本，有些成本对于方案的可行性评估是不相关的。所以，取而代之，我们引入产品贡献，来平衡那些“有问题”的成本。只要贡献为正，就能起到平衡成本的作用(参见 1.7 节)。对于产品核算来讲，这个思想尤其适用于价格决策和项目决策。

5.6.1 变动成本基础上的价格决策

一般来说，企业在面临不同的客户时，会制定不同的价格策略，此时，贡献这个概念就尤为适用。下面这个例子就说明了上文第一个决策情景。

现有两个决策主体，学生 A 考虑是否修理自己的旧车马自达 3，由于最近手头不宽裕，所以他最多只能支付 3 500 元的修理费。而对于维修站而言，修理所耗费的零件成本约为 2 350 元，而对已破损的零件和旧汽油的处理又可能会带来 200 元的成本，而该维修站每个月的人员薪金费用是 2 000 元，租金费用是 1 400 元，折旧费用是 970 元，能源成本以及其他经营费用和管理费用为 500 元。那么维修站应该怎么决策呢？

首先，我们计算该项决策的相关收入，在 17%的增值税情况下，

相关收入：3 500 元×100÷117=2 991.5 元

与该决策相关的成本只是维修站接受了这一份工作而带来的成本，在本例中，是指零件成本和处理费用，其他的成本即使在没有接受这份工作时也会产生，因此不属于与该决策相关的成本，从而可以得出：

相关成本：2 350 元+200 元=2 550 元

非相关成本：2 000 元+1 400 元+970 元+500 元= 4 870 元

维修站接受该工作得到的贡献计算如下：

边际贡献=相关收入−相关成本

=2 991.5 元−2 550 元=441.5 元

如果由于接受了这份工作无需拒绝其他有可能获利的工作，那么维修站应该接受这份工作，因为可以获得约 441.5 元，来平衡其余成本。

如果生产能力没有全部被占用，并且还能接受更多的任务，那么根据这一原则就能从变动成本核算角度来制定价格决策。在变动成本核算基础上，企业的定价至少应该等于相关成本，这是企业未充分工作时的价格下限，这个核算原则适用于成本结构不同的企业。从不同的角度来看，价格下限有不同的定义。例如，企业侧重于把成本结算到产品上，那么每件产品或每项工作的直接成本就是价格下限；如果考虑的是成本对工作的依赖性，那么其可变成本就是价格下限。当企业的定价处于价格下限的水平时，此时贡献为零，没有用以平衡其他成本的利润，也没有附加成本。一个理性的企业，不会选择低于价格下限的价格，否则就会造成负的贡献。任何一单位超过价格下限而带来的收入就能带来一单位的贡献，来平衡其他成本，不管是非相关成本、间接成本还是固定成本。

但是，存在一些生产线可能在一段时间只能开工生产一种产品，此时如果企业面临订单时，就必须考虑到生产能力的问题。因为接受其中某一项订单就意味着占用全部的生产能力，形成企业满负荷工作的局面。所以，这时候企业决策时需要考虑的就是，在满负荷工作时的价格下限是多少。这个价格下限在相关成本、可变成本或者直接成本中选取，还要考虑第二好选择方案的贡献，下面这个例子[参见 Plinke/Rese(2006)，第 207 页]就说明了这种决策情景。

一个机器生产企业面临三个客户订单，每个订单都是制造一台特殊机器。但是如果接受其中一项订单，整个月的生产能力就满载了。下面这个清单列出了每项订单要求制造机器的价格，制造产生的直接成本，以及每个订单能产生的贡献(如表 5.22 所示，第一步)。根据这些数据能计算出每项订单的价格下限(如表 5.22 所示，第二步)。

表 5.22　　企业满负荷工作状态下价格决策

	订单 A	订单 B	订单 C
第一步:计算贡献			
净价格	10 000	12 000	20 000
直接成本	5 000	8 000	17 500
贡献	5 000	4 000	2 500
第二步:计算价格下限			

续表

直接成本 第二好选择的贡献	5 000 4 000	8 000 5 000	17 500 5 000
价格下限	9 000	13 000	22 500

资料来源:参见 Plinke/Rese (2006),第 207 页。

如果接受订单 A,那么订单 B 以其贡献 4 000 元就是第二好选择,如果接受的是其他两个订单,那么订单 A 以其贡献 5 000 元就是第二好选择。如果每个订单都达到用这种方法计算出来的价格下限,那么这三个订单的地位就是平等的,换句话说,每个订单都能获得 5 000 元的贡献。然而价格已经确定了,并在订单 B 和订单 C 中都低于可接受的价格下限,从而得到的结果是应该接受订单 A。在订单 A 上,如果客户要求价格折让,那么关于给定的 10 000 元的价格还有一定的商量余地,因为只有订单 A 能达到价格下限 9 000 元,因此,从获得的利润来看,订单 A 就是最好的选择。

从短期来看,企业决策存在非相关成本。但是,如果站在长期的角度上,所有的成本都是决策相关成本。因此,这种以贡献为基础的决策方式只用于企业的短期决策。长期决策时采用的是第 1 章中介绍过的盈亏平衡点分析(见图 1.9)。图 5.6 介绍了从变动成本角度,尤其是从直接成本角度来看的盈亏平衡分析。如图 5.6 所示,只有全部贡献平衡了固定成本之后,才能获得利润。同时,该图也表明了变动成本核算的一个基本思想,即接近盈亏平衡点。正如在完全成本核算框架下一样,在贡献核算框架下也能用盈亏平衡分析法来影响价格。因此,可以在预计销售额的基础上计算各种不同价格带来的贡献,但是要注意的是,这种分析法基本上不能确定价格,而只能用这种方法来评估价格,这里是从一个已经确定价格出发的逆向计算,算出一定数量的贡献和加上其他成本之后的利润。相反,如果人们通过贡献核算来确定价格,那么将导致一个与企业管理作用不大的结果,如下例所示。

一个个体经营者决定在上海小吃街——吴江路——开一家新的羊肉串小吃店,该地目前没有其他小吃店。在他计划中,他考虑了如下几个数据。

每月固定成本	1 200 元
每份羊肉串的可变成本	0.85 元
每份羊肉串的价格	2 元
预计每月销售量	2 000 串
预计总贡献	(2−0.85)×2 000=2 300(元)

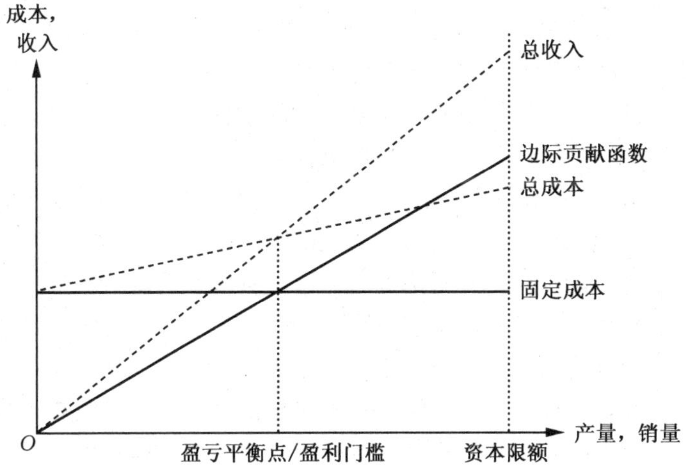

图 5.6　直接成本法的盈亏平衡点

预计利润　　　　　　　　　　　2 300－1 200＝1 100(元)

事实上，这些预计的数据让小吃店经营者很高兴，但是这些良好的经营数据也会吸引竞争者。不久之后在街对面就马上开了另外一家小吃店，从而销售量突然减少了 1 500 串，而只有 500 串了。

因此利润状况也发生了改变，总贡献大幅降低，出现损失：

总贡献：　　　　　　　　　　(2－0.85)×500＝575(元)

损失：　　　　　　　　　　　575－1 200＝－625(元)

小吃店经营者就考虑如何能从这种损失状况中解脱出来，一种可能性是降低价格，那么既然销售量如此之低，价格究竟应该为多少才能获得让他觉得满意，即至少1 000元的利润呢？

$(x-0.85)\times 500-1\,200=1\,000$

$$x=2\,200 : 500+0.85$$

$$x=5.25\text{(元)}$$

上面的计算结果反映出一个问题：当竞争者进入之后，小吃店通过逆向计算得到的价格水平 5.25 元，但是，实际情况是，如果定在这个价格水平，可能一串羊肉串都卖不出去。问题出在哪里呢？问题的实质在于销售量与价格之间的依赖关系上，即销售量以函数关系依赖于价格，而价格不依赖于销售量。然而在上面提到的盈亏平衡法就是假设这一点，根据盈亏平衡法，价格通过一个想要达到的销售量来计算。如本例所表明的，这样取得的价格可能是无法实现的价格，因为它与市场价格相差太大。

所以，为了正确认识产品的贡献，需要从两个方面出发：价格和销量。价格与销量一般成反比，即价格高，销量下降，降低价格，销量上升。图5.7中的上图表明了从直接成本核算角度来看，价格与销售量之间如何相互作用(一个线性关系能简化认识)。所以，虽然价格下降时，单位产品贡献随之下降，但是不要忽略了价格下降带来的销量上升。下图表明了总贡献的变化，销售量很小的情况下，虽然单位产品贡献很高，但是，乘以很小的销售量之后总贡献还是很低。在价格降低和销售量增加的同时，虽然单位产品贡献下降，但是，总贡献却是升高的。然而，它只升高到某个点，之后就成相反关系变化了，单位产品贡献下降到一定程度，以至于增加的销售量无法“承受”，从而导致总贡献下降。当总贡献大于间接成本时，总是存在利润。如图5.7所示，只有在“中等”销售量和价格的情况下才能这样。价格太高，销售量就太低，以至于两者结合起来就无法获得利润；价格太低，销售量虽然很高，但贡献太低，从而无法得到利润。因此，从这种研究方法中可以得出两个盈亏平衡点，每个点分别对应不同的销售量和价格。

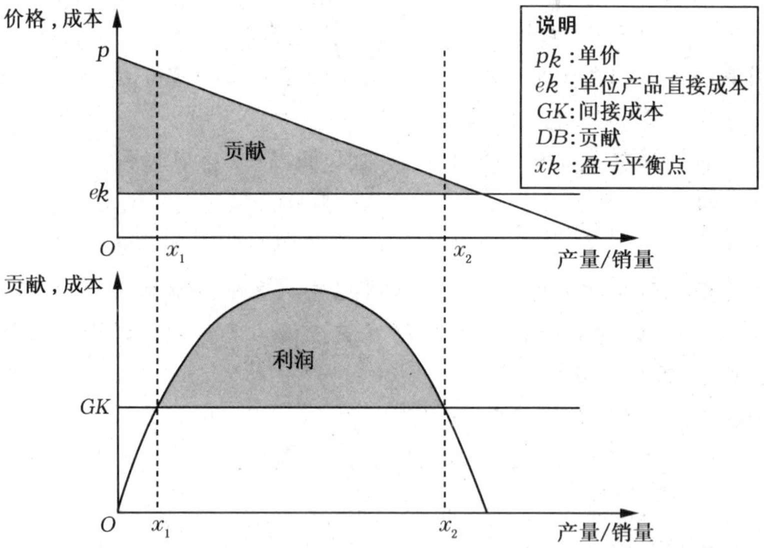

资料来源：参见 Plötner/Sieben/Kummer (2008)，第168页。

图5.7　线性价格销售函数下的贡献和利润

需要补充说明的是，上面的分析是基于一个假设前提：销量只受价格影响，而不受企业活动，如促销或营销策略的影响。另外，还存在一个问题是，市场上没有一个企业能确定其产品的价格—销售量函数关系，因此这种分析方法是缺少计算基础的，加大了结果的不精确性。因此，通过这个方法，我们只是了解到价格和销量之间、贡献与利润之间一个大致的关系。与一般的盈亏平衡分析法相比，这种方法值得注意的地方是，它有两个或两个以上的盈亏平衡点。

5.6.3 变动成本基础上的规划决策

以贡献为基础的决策还可以用于批量生产工业企业的规划决策，例如应该生产哪些产品以及生产多少产品等，这里也需要考虑企业的生产能力状况，即企业未充分开工还是充分开工。

如果企业生产能力没有完全使用，即企业未充分开工情况下，要考虑产品能否获得正的贡献，如果能，不管贡献本身多么低，所获得的正贡献都要用来补偿固定成本和间接成本的一部分，下面这个例子就说明了这个事实。

上面例子说明，在企业未充分开工时，三种产品的产品贡献都大于零（如表5.23所示），因此在这种情况下，如果计划的销量都能实现，那么这三种产品都应该生产，这三种产品用贡献补偿了部分的间接成本，从而改善了业绩。

表 5.23　　企业未充分开工时的规划决策　　单位：元

	产品 A	产品 B	产品 C
数量	1 500	2 000	1000
价格	5	8	3
直接成本	4	5	2.5
单位产品贡献	1	3	0.5
产品贡献	1 500	6 000	500
总贡献	8 000		
间接成本	10 000		

资料来源：参见 Plinke/ Rese (2006)，第 209 页。

如果企业的开工率为 100%，也就是所谓的充分开工，以至于无法生产任何其他产品了，这种情况下考虑的因素就会稍微多一点。因为这时企业遇到产能瓶颈，不能满足所有产品生产的需求，所以，企业需要决策哪些产品优先生产。同样，在仓库容量有限，或输入数量受限制的情况下，例如由于运输困难只能加工制造一定数量的原材料时，也需要进行这样的决策。在这种情况下，最好从变动成本核算出发，寻找贡献最优化的产品。

在充分开工情况下，首先也是考察产品能否取得正的贡献，只要贡献为负，从变动成本观点出发，产品就完全不经济。其次，企业需要考察每种产品对瓶颈的要求程度，例如考察到那个机器制造的例子，就必须确定，生产每种产品单位所需的工作时间为多少。如果所有产品时间都相同，例如生产每件产品所需时间为 2 分钟，那么把产品按照取得的贡献绝对值来进行排序就是有经济意义的。能带来最多贡献的产品就生产能销售掉的最多数量。这时候如果还有剩余的生产能力，再生产带来第二多贡献的产品，依次生产，直到瓶颈出现。

但是，大多数情况下，每种产品的时间是不同的，例如很可能一种产品的单位所需加工时间为 20 分钟，另一种产品的单位所需加工时间仅为 12 分钟，在这种情况下每种产品的贡献形成瓶颈，会呈现一种比例关系。例如上面机器制造的例子中，就按照所需时间将产品分类，从而产生了瓶颈相关贡献，构成了规划决策的基础。具有最高瓶颈相关贡献的产品在规划决策中排第一位，其次的排在第二位，等等，同样，以这个顺序生产产品直到瓶颈出现。

表 5.24 列出了在这种情况下决定贡献最优化产品规划的每个步骤。

表 5.24　　充分开工条件下的规划决策

	产品 A	产品 B	产品 C
最大可能的销售量	3 500	1 800	6 000
价格	5	7	3
直接成本	4	5.5	2.5
单位产品贡献	1	1.5	0.5
瓶颈总额(加工时间)	8 小时=28 800 秒		
瓶颈占用	5 分/件	10 分/件	2 分/件
瓶颈相关贡献	0.2 元/分	0.15 元/分	0.25 元/分
排序	2	3	1
生产产品数量	3 360	0	6 000
所需生产时间	16 800		12 000
剩余时间	0		16 800

资料来源：参见 Plinke/ Rese(2006)，第 209 页。

从上面数据可以看出，虽然产品 B 的单位产品贡献为 1.5，高于其他两种产品，但是，相应的瓶颈占用为 10 分/件，也是三者中最高的。所以，在比较瓶颈相关贡献时，产品 B 排在第三位。根据边际贡献最优的产品来支配产品生产顺序，排在第一位的 C 产品应该尽可能多地生产，也就是能销售多少就生产多少。

在实际工作中，企业很经常会遇到瓶颈和限制的问题，这些瓶颈和限制因素随着时间可能发生变化，相互影响，而这些变化的计算通常通过计算机来进行。在众多企业领域内，如生产和物流领域都有 IT 系统的支持，同时，IT 系统还能以贡献最优化的方式解决带有很多限制的规划决策问题。

第 5 章的核心内容

1. 成本动因核算的根本目的在于计算由产品带来收入的成本，即产品的企业成本。

2. 成本动因核算的方法和加成法、除法不一样。

3. 采用加成法时，通常会确定间接成本和直接成本的比值来作为一个加成率，然后按照这个加成率，在成本动因的直接成本上，计算出其间接成本。

4. 加成法的特殊变式可以弥补计算每个直接成本之后一次性结算间接成本的不足之处，这些特殊变式包括机器工时率核算、薪金小时率核算和作业成本率核算。

5. 除法就是把成本除以工作量，但是这里所有单位工作量分配到相同的成本，始终是均匀分配的。

6. 对于那些需要很多制造阶段的产品，可以用多阶段除法，而计算多个产品成本的除法称为多倍除法。

7. 对于分类产品可以用等值系数法，这个方法将成本根据其各自使用的输入因素尽可能按照产生源头按比例分配到成本动因上。

8. 相反，对于联产品无法追究其成本产生原因，这是由于联合过程会导致真正的间接成本不能直接分摊到某个产品上，在这种情况下可以使用剩余价值法和成本分配法来核算。

9. 计算出企业成本之后，可以通过贸易核算法确定销售价，这个销售价不一定要等于实际上的市场价格。

10. 完全成本价格核算和利润核算的原则也可以用于评价可达到的价格能否补偿产生的成本。

11. 由于固定成本和间接成本如何结算到一件产品上还没有解决，因此产品核算可以用另一种方法，即以贡献为基础来计算。

12. 产品核算中贡献主要用来确定价格下限，从而得出贡献最优化的生产规划。

第 6 章　客户核算

广东一家生产家具的企业，主要产品出口德国。最近，有一个德国的大客户想要订购一批刚上市的桌椅，但是要求企业给予一个很高的价格优惠折扣。销售经理认为这是一个有利可图的项目，应该接受。因为，如果这笔交易的销售额很大，而且如果这笔交易成功了，可能会与这个大客户建立长期的合作关系，从而向该客户的下属分公司供货。但是销售经理没有权限同意这个大额的价格优惠折扣，必须报批企业总经理。企业总经理对于这笔交易存在一些质疑：如果企业同意了这项具有威胁性的价格要求之后，能否在和这个大客户完成这个大销售额交易的同时又获得利润呢？关于这个问题，销售部部长并不能给经理一个确切的答复。因为，与其他大多数企业一样，这个家具生产商没有一套结算由客户导致的成本和收入的系统，并没有实行客户核算。

6.1　关于订单的算法

为了正确回答上面总经理的提问，首先，要考虑上面桌椅组成的订单是否能获得利润，对于这个问题的回答采用第 5 章介绍的产品核算各种方法就足够了。也就是，采用下面这个公式。

利润=(单位价格－单位产品成本)×销售量

但是，在利用上面公式计算的时候，还需要注意关于订单核算特殊的几个方面，以免得到的结果有误差。在这笔订单中，首先要考虑的就是与产品相关的价格条件。如果客户从供应商处进行规模采购，一般供应商会给予客户一定的批量折扣，例如上面提到的例子就是，客户要求供应商给予他批量折扣，所以在计算订单利润的时候，还要考虑订单的优惠折扣。

还需要特别注意的是：特制订单的产品。对于大客户而言，一般下单的产品很可能是有特殊要求的，例如，上例中的贸易公司向家具供应商要求在所购买的家具上印上自己商场集团的名称或标志。这些特殊要求产生的成本，从产品的角度而言属于间接成本，但是从客户订单的角度而言则属于直接成本。所以，在客户订单利润核算时，这些成本应该被考虑进去。

最后，尤其要注意在加成法和除法计算系统中被称为销售间接成本的那些成本，例如，与销售相关的杂费和差旅费都要结算到其中，这些费用产生的原因是对贸易集团的拜访，以使当地的决策者相信新家具会带来盈利。这些成本也是不能按照成本原因直接计算到椅子和桌子上的，但是对客户订单的结果分析却能直接考虑到这一点。

而在机器和设备制造方面，接受一个大型订单产生的这些特殊销售成本是非常高的，德国机械设备制造业联合会(VDMA)1994 年的一项研究表明，这样的订单被接受的概率只有 1/5，在这一领域中，销售成本占了总销售额约 14%，并且平均有 1/8 的人在销售部工作。

6.2 关于单个客户的算法

在上面销售费用中，并不一定要结算杂费和差旅费。只有当企业与客户之间真正发生了这项费用时，才需要进行核算。还有，企业为了维护和加强良好的客户关系，会邀请客户代表共进晚餐等，这些交际应酬产生的费用从产品来看属于间接销售成本，但是从订单的角度看属于直接成本，因此，在进行“客户核算”的时候，这些成本都应该予以分配。

所以，企业应该从贸易关系的角度，而不是从单个订单的角度来看问题。贸易关系是指供应商和客户之间在较长一段时间内完成了大量的贸易，并必然导致重复合作。双方的相互信任和经常性沟通交流促成了持续性的合作，一般企业的客户经理会负责这些客户关系网络建立和维护的工作。

在根据其按产生原因结算到特定成本上的分类前提下，为了弄清成本和收入的状况，还需要引用上面家具供应商这个例子。如果此时桌椅生产岗位经理向总经理汇报，如果提供高折扣率给客户，那么订单贡献为负。即如 1.7 节中所描述的一样，订单的收入和直接成本的差为负。这个信息的传递意味着折扣的要求是不能接受的。但是，销售经理站在全局的角度向总经理解释其中的利害关系；如果不接受这项订单，那么有可能会丧失这个大客户及其分公司组成的全部客户网络。在这种情况下，销售经理应该通过客户核算系统向总经理提供这些信息，客户核算的结果表明，与客户合作获得的总贡献比平均额要多得多。因此，这项订单从整体上会给双方贸易关系带来好处，因此企业总经理会作出接受这项订单的决定。

“贸易关系”的另一种符合逻辑的发展是计算出所谓的客户终身价值，这里是指未来导向的预算，即一个供应商对自己与客户之间长期的合作，也就是对整个预期合作期间之内的合作做出一个经济性评价。但是在实际中，这个概念通常更多的是指现金收支而不是成本大小和收入多少。

另外，在客户核算时，还要考虑的就是转换成本，有点类似于机会成本。就是，如果企业放弃了这个贸易关系，取而代之的是与其他客户建立合作关系，需要投入多少成本和能够节约多少成本。节约的成本包括以下几个方面：如果双方之间已经达成了一些框架协议，从而在进行新的交易时可以省下费时的讨价还价；也可能已经在物流程序方面签订了协议，使得物流方面更有效率，或者可能已经获得了关于未来与客户相处的特定知识，因而能更好地预料该客户的需求。但所有这些都与企业在贸易关系上的特定投资有关，转换贸易伙伴就等于失去了这些投资，这些由于建立贸易关系而产生的成本就必须转嫁到新的贸易伙伴上去。

6.3 关于客户群的算法

企业在锁定目标群体时，不会把目光只聚焦在单个客户上，而是集中在客户群体上，例如集中在某个国家的所有客户身上，从而最大限度地挖掘客户资源。

还以上面广东的家具生产商为例。假设该企业由于在本国良好的交易状况决定跨国经营，分析师认为只要从客户角度以该国大量的中型贸易企业为中心，那么邻国市场就非常有吸引力。为了成功地进入市场，需要邀请所有可能的需求者召开客户会议，这可以通过印在专业杂志上，在该国全国范围内进行广告宣传，或者花成本在国际性会展上展出来实现。

在采取跨国经营策略一年后，经理想要了解该策略是否成功，这需要把跨国经营产生的收入和成本进行比较。其中，在会议、广告和会展方面的营销成本按其产生原因既不能结算在某个订单中，也不能也算在某个客户身上。如果把它作为销售间接成本结算到企业的所有成本动因上，那么就不能准确计算出第一年企业投资营销措施来进入市场是否成功。因此，这里有必要比较那些合理分配到“××国家合作客户”上的成本和收入。

除了跨国经营之外，还存在跨区域经营，每个销售地区存在相应的大区经理。在成本和收入核算的时候，需要划分地区进行核算，对应各个地域有不同的客户群体。

除了按照区域划分客户群体之外，也可以按照客户的需求进行客户分组，在相关文献中人们把这种分组方式称为销售细分核算法。在供应商的营销活动中，细分的部分是对供应商的行为具有重要意义的那些客户群，例如，在日常用品领域，客户细分就是由“自由—开放的环境”和“传统—保守的环境”组成；对投资品而言，其细分就通常会按照客户企业的部门或大小分类。

6.4 客户核算的应用

到目前为止，我们已经介绍了“订单”、“客户”和“客户群”这三个概念，仔细研究这三个概念，我们认识到三者之间存在一种从属关系。一个客户群包括了很多客户，一个客户及与其建立的贸易关系包括很多订单。图 6.1 就说明了它们之间的一种概念从属关系。

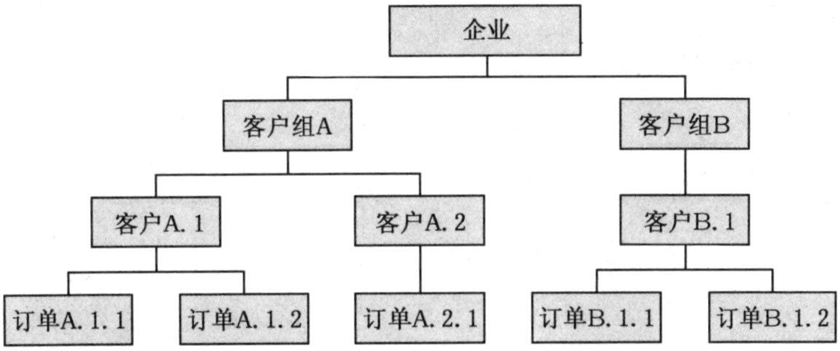

图 6.1 客户导向对象从属等级关系

为了合理确认和分析相关成本和收入，我们使用里布尔(Riebel)提出的相对直接成本核算，即变动成本核算。这种方法——由 1.7 节中介绍的直接成本核算导出的方法——要区分直接成本和间接成本。现在我们加入了以客户为导向的对象从属等级关系，完善了这种逻辑，某一等级主体的直接成本就结算到该等级，而某一等级的间接成本不能分配到该等级的主体上，而是分配到上一等级中，从而能够确认那一等级是否可能按成本产生原因来进行分配。人们把这种计算方法称为相关法，因为直接成本和间接成本的分配不是根据确定的或者绝对的框架模式来分配的，而是随着所选的等级主体不同而不同。

根据里布尔的同一性原则，我们介绍另外一种收入核算方法——等级贡献核算法，这种方法核算的成本、收入是基于同一企业决策基础。例如，当企业做出接受一个特定订单的决策后，要同时考虑订单这一等级的直接成本和相应的收入，收入减去成本就得到了每个订单的贡献。这种方法当然也能用于其他等级，从而得到每个客户的贡献或每个客户群的贡献。这样经过连续计算得出的每个等级的贡献就是所谓的等级贡献核算法，这种方法具体见表 6.1。

表 6.1　　等级贡献核算的例子　　单位:元

	客户组 A			客户组 A	
	客户 A1		客户 A2	客户 B1	
	订单 A1.1	订单 A1.2	订单 A2.1	订单 B1.1	订单 B1.2
销售额	3 500	7 000	5 600	4 400	3 700
直接成本(每份订单)	1 500	2 000	2 000	1 400	1 200
贡献Ⅰ(每份订单)	2 000	5 000	3 600	3 000	2 500
一其他由于客户导致的成本	1 850		1 520	2 180	
贡献Ⅱ(每份订单)	5 150		2 080	3 320	
一其他由于客户组导致的成本	2 200			1 600	
贡献Ⅲ(每份订单)	5 030			1 720	
一其他企业成本	8 400				

然而,上面介绍的等级贡献核算法还是存在一定的局限性。虽然通过这个方法可以将成本和收入按照产生的原因结算分配到每一个等级主体的结果,但是该结果受时间段长短的限制。例如,时间越短,期间要结算的成本或收入数值就越小。因此,一个大区客户经理的年终奖金虽然能在年报里合理地结算到"客户"身上,但在月度分析中就不能了。

上面介绍的相关成本会计除了应用于客户核算,还可以用于其他领域。例如上面提到的广东家具生产企业,也可以建立与产品相关的关系等级,假设除了桌椅,该企业也生产其他家具。所以在这个关系等级中,最底层是产品本身,例如"椅子",然后再往上是产品具体种类,如"餐厅家具",在最高层是产品类别,如"家具"(如窗框和门框等)。在与产品相关的这种等级排列中,也往往只有直接成本和直接收入能结算到每个相应的主体上,而下一个等级的结果往往要加入到上一个等级中。

下面引入多维主体等级网络。一家企业,存在很多与产品相关的关系等级,这些等级经过排列组合就会得到每个成本的多维分层法,这意味着即使在同一等级结构中也存在相互联系的主体,这种关系就可以用所谓的多维主体等级网络来表示,其中,每个主体都是各个主体之间关系的节点和连接线,图 6.2 就是一个例子。

这种方法看似复杂,但是在 IT 技术高度发达的今天,它是完全可以实现的。仅仅在商务智能领域近些年就多次用内部数据和外部数据成功确定了主体,并将

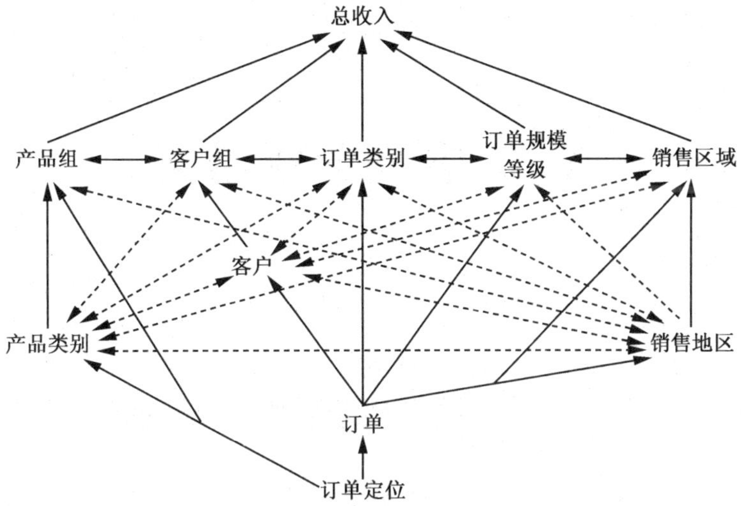

资料来源：参见 Riebel (1994)，第 180 页。

图 6.2　多维主体等级网络

其按一定关系排列在等级结构中。这种分析性的信息系统能成功运用的前提在于，把必需的主体按合理的逻辑顺序排列，并在系统中将这种联合关系的逻辑——在这里就是指每个等级的贡献核算逻辑——正确地描摹下来。与相关贡献核算一样，这些主体等级结构也应能从管理信息需求推导出来，而这些信息主要来源于市场状况、企业结构和企业战略。因此，对一个只有两个大客户的企业来讲，就像飞机工业的某些供货商，实施"客户群"这个概念就没什么意义了。同样，如果一个电信供应商把每个客户的通话都看作一个独立的主体，这样也是没什么意义的，因为在这种情况下无法结算其直接成本。

第 6 章的核心内容

1. 只有面临销售政策方面的问题时，把成本和收入分类结算到各个主体（例如"订单"、"客户"和"客户群"）才有意义。

2. 这种分类可以表现为等级排列，即将各个主体排列到等级结构中，其直接成本和直接收入就直接结算到各自等级上。

3. 建立等级排列的基础是相关直接成本法。

4. 根据管理信息需求也可以形成很多等级，其中每个等级上的各个要素之间要相互联系，人们把这种状况称为多维分类法。

第 7 章　企业结算

7.1　企业结算用于计算短期利润

前面我们已经系统介绍了成本和收入的各种核算方法：输入输出法、岗位（生产部门）法、作业法、产品和产品种类法，以及客户或客户群法，本章我们将回到整个经营单位。

在会计中，我们可以把经营单位理解为一个组织单位，在这个组织单位中，企业可以由一个或多个经营单位（例如零售商店的连锁店或者银行）组成，企业依据自己的目标设定（生产目标）生产并评价绩效。

区分一个企业的独立经营单位和利润中心（参见 3.1 节）是困难的：根据企业规模的大小、工作组织、销售结构以及相似标准，我们可以将一个经营单位定义为一个利润中心或者分为几个利润中心。因此，在一些连锁百货商店，如快客或好德商场中，连锁店的每个分店都可被看作利润中心；在企业，如麦德龙集团中，由于规模和工作结构的不同，其每个分店下属的部门就可以被看作利润中心。

如果把整个企业作为收入和成本核算的单位，那么就可以通过比较成本和收入计算出企业一定时期内的利润，在第 1 章中已经涉及会计利润和经济利润之间的差别了：

外部会计：会计利润＝会计收入－费用

内部会计：经济利润＝经济收入－成本

传统经济利润计算方法（参见 7.2 节）是建立在会计数值和经济数值差别的基础上的。但是长期以来，内部会计和外部会计在经济利润计算方法上渐渐趋同：在计算一定时期内的利润时，越来越多企业摒弃经济数值，转而计算出外部的会计利润，或者计算出一个以会计数值为基础修正后的利润，这个经过修正后的利润数值就是所谓的经济增加值（EVA）（参见 7.3 节）。

企业利润核算时段通常要比外部会计利润计算规定的时段短一些，一般为一个月计算一次。相对于企业损益表规定的周期一年（在年报中）而言，经济利润也是短期利润核算方法，这种方法有利于企业目标明确地进行运营管理。

这里所涉及的两种不同企业利润数值还有另一个共同点，也就是它们对企业管理具有非常重要的价值：企业利润表明，对企业运营来讲最重要的是与上一时期相比的变化趋势，即变化的绝对值以及变化的方向。在一定期间企业是获利还是亏损，其中企业经营利润绝对值起到的作用只是次要的。例如，亏损减少就意味着销售额增加或成本减少，意味着企业步入了正轨，这时候企业利润虽然仍然为负，但其变化结果显示出积极的趋势。然而利润的变化结果也可以是消极的，一旦利润减少，就意味着目前趋势需要改变，它警告企业管理者，可能需要实行与现行措施相反的策略。

7.2 传统的期间利润核算方法

传统企业利润核算所使用的方法是利润计算法，即比较一定时期内生产产品所消耗的成本和销售产品带来的收入。与损益表中的外部利润核算类似，这里也可以使用完全成本法或销售成本法。这两种方法的名称就说明了两者在一定时期成本的确定和划分上的区别，但要注意的是，虽然核算方法不同，但这两种方法计算结果通常相同。

1. 完全成本法核算一定时期内的全部成本，既可以根据成本种类（如原材料、薪金费用和折旧费用）进行划分，也可以根据成本岗位（如原材料岗位成本、制造成本、管理和销售成本）进行划分。

2. 销售成本法则将一定时期内的总收入根据不同产品组进行分割，然后与每个产品组所耗费的成本进行比较。

完全成本法有这样一种缺陷：在一定时期内，由于生产数量与销售数量往往不相等，因此不能简单地比较全部成本和全部收入，还必须要考虑半成品和产品的库存变化。如果人们只确定了目前生产、管理和销售产生的成本，并与目标获得的销售收入比较，那么获得的结果就有误差，甚至完全没有意义。

这样我们就将面对如下两种情况：库存减少与库存增加。库存减少意味着，一定时期内生产的产品少于销售的产品，这也就是说，在销售出去的产品中，除了目前生产出来的产品，还包括了前期生产并库存下来的产品。这些减少的库存对成本是有影响的，因为它们使用了原料。因此，库存减少也应当结算到该时期的成本当中，只有这样才能正确确定这段时期内的全部成本。

不论是由于一定时期生产的产品无法全部销售，还是由于部分半成品还要继续加工，当一定时期内生产的产品多于销售的产品时，就出现了库存增加。于是，这些已生产出来的产品和半成品就成了库存。这些增加的库存对收入是有影响的，正如第1章中所说，一切致力于生产产品的价值创造活动都能带来收入。因此，库存增加必须加入销售收入中，只有这样才能确定这段时期内的全部收入。

如上所述，针对库存和存货变化，我们要估算半成品和产成品的采购成本和制造成本。如果一定时期内的成本不固定，那么就可以参照实际情况使用不同的综合计价法，例如后进先出法、先进先出法或加权平均法(参见2.2.1节)。根据完全成本法要考虑的结合存货变化核算成本和收入也要遵循同样的计价原则。

根据完全成本法的原理，核算企业利润可以通过账户形式或算式形式来进行。使用账户形式时，借方和贷方的差额即为核算后的企业利润，这个原则上为正值的差额使得借贷双方总和相等。如果余额在成本方，就表示核算得到盈利，如果差额在收入方，就意味着亏损。使用算式形式时，计算而得的企业利润为算式的解，正解代表着盈利，负解代表亏损。表7.1表明了根据完全成本法计算利润的两种形式。

表7.1　　根据完全成本法计算企业利润

根据完全成本法计算企业利润的账户形式	
借方 一定时期内的成本 存货减少(存货减少用于销售) 余额 计算所得利润	贷方 一定时期内的销售收入 存货增加(生产所得增加存货) 余额 计算所得亏损
总和	总和

根据完全成本法计算企业利润的算式形式
一定时期的销售收入 +存货增加(生产所得增加存货) =该时期的收入 −该时期的成本 −存货减少(存货减少用于销售) =计算所得企业利润(利润或亏损)

使用销售成本法时，人们以当期销售的产品为基础，比较一定时期内的销售收入和相应产生的成本，因此，在使用销售成本法时就不需要再将存货变化考虑在内了。销售成本法也同样可以通过账户形式或算式形式进行，表 7.2 说明了这两种方法。

表 7.2　　　　根据销售成本法计算企业利润

根据销售成本法计算企业利润的账户形式	
借方	贷方
已售产品成本 余额： 计算所得利润	该时期销售收入 余额： 计算所得亏损
总和	总和

根据销售成本法计算企业利润的算式形式
一定时期内销售收入 －已售产品成本（根据产品种类划分）
＝计算所得企业利润（利润或亏损）

下面我们举例说明根据完全成本法和销售成本法计算企业利润的不同计算方法。

一个企业上个月有以下数据：

生产产品	1 000 件
销售产品	800 件
销售收入	92 000 元
生产成本	90 000 元
管理和销售成本	10 000 元

不存在半成品，期初存货为零。

根据全部成本法计算利润首先可以确定该月存货增加了：生产的产品比销售的产品多了 200 件。这些要以每件 90 元（90 000 元/1 000 件）的价格计入生产成本。

根据这些信息可以计算得到企业利润（如表 7.3 所示）。

表 7.3　　　　根据全部成本法计算企业利润举例

根据完全成本法计算企业利润的账户形式			
借方		贷方	
一定时期内的成本:生产成本	9 0000 元	销售收入	92 000 元
管理和销售成本	10 000 元	存货增加 200 件×90 元	18 000 元
余额:计算所得利润	10 000 元	余额:计算所得亏损	
	110 000 元		110 000 元

根据完全成本法计算企业利润的算式形式		
一定时期的销售收入		92 000 元
存货增加	+	18 000 元
该时期的收入	=	110 000 元
该时期的成本	−	100 000 元
计算所得企业利润(利润)	=	10 000 元

根据销售成本法计算利润首先分两步计算已销售的产品的成本:

每件产品成本　　　　　　90 000 元:1 000 件 = 90 元

每件产品管理和销售成本　10 000 元:800 件 = 12.5 元

每件产品成本　　　　　　102.5 元

根据这些数据计算企业利润(如表 7.4 所示)。

表 7.4　　　　根据销售成本法计算企业利润举例

根据销售成本法计算企业利润的账户形式			
借方		贷方	
已售产品成本 800 件×102.5 元	82 000 元	销售收入	92 000 元
余额:计算所得利润	10 000 元		
	92 000 元		92 000 元

根据销售成本法计算企业利润的算式形式		
一定时期内销售收入		92 000 元
已售产品成本(根据产品种类划分)	−	82 000 元
计算所得企业利润(利润)	=	10 000 元

在产品核算前提下(参见第 5 章),完全成本法和销售成本法得到的结果通常是相同的。运用完全成本法时,产品核算被用于确定存货变化情况;运用销售成本

法时，则通过产品核算来比较销售额和已售产品的成本。当然也有例外情况，例如对于提供服务的企业，像咨询公司，这种企业是通过无形的服务来为企业创造价值，不存在存货，所以，对于这种类型的企业在使用完全成本法时就不用进行产品核算。

当前很多企业倾向于使用销售成本法，这是由于使用销售成本法来计算利润在划分成本和收入时有着得天独厚的优势，得出的利润核算结果的可靠性大大增强。完全成本法把成本和收入按照不同的原则进行划分，而销售成本法不论是划分收入还是成本，都是根据产品组来划分的，因此，在核算一定时期利润的情况下，能够直接得到每个产品组的利润，这一点对具有丰富产品种类的企业尤其重要。

总的来说，两种方法都是当前备受关注的成本和收入核算方法的进一步发展，因为它们与成本和收入会计所得的数值都有关——至少与其成本种类会计和收入种类会计有关，更多的是与岗位会计和产品核算的其他结果有关。相反，下面介绍的利润核算方法则是一种独立的发展——无需借助于成本和收入核算。

7.3 期间利润作为修正后的外部利润

在2004年初做的一个涉及870家德国和奥地利大型企业的调查显示，其中一半的企业使用外部数据来确定内部企业绩效，然后对其做出相应修正[参见Haring/Prantner (2005)]。这个结果表明，内部会计和外部会计没有完全与成本收入会计脱离，二者正逐渐趋于融合。由于某种原因，企业逐渐把重心越来越多地放在外部会计的数值上了，尤其是在计算企业利润方面。

修正外部数据时通常要考虑一些所选的成本类别，如核算利息。同时，修正也有一些建立在完全独立算式基础之上的变式，其中一种就是所谓的经济增加值，将外部会计的数值与财务数值相结合。

思腾思特咨询公司首先提出了经济增加值的概念，它与所谓的股东价值率有关[参见Rappaport (1999)]。经济增加值的概念表明这是一个价值导向的参数：经济增加值注重成本费用，它甚至考虑了包括权益资本在内的所有资本。我们可以将它理解为一个能传达企业增长价值信息的操控指标。根据股东价值率的要求，股东利益提高是企业管理层努力的方向，在长期内企业价值应被提高到既定目标利润之上。

我们可以用机会原则来说明这个概念隐含的经济意义，这和我们讲到过的核算利润有着一定程度上的相似(参见2.2.4节)。对于企业而言，为了盘活闲置的资金，一般会选择一些可靠和长期的投资，从而实现产融结合。

而股东价值率的概念建立在相同的思想基础之上：在大型企业，例如股份公司中，投资者具有资金投入的选择权，投资者希望能以分红或股利的形式获得一定利益。但是财务学上一直强调一个概念，高风险高收益，顾名思义，风险是伴随着收益的。

对于企业而言，资本来源有三种途径：内部权益融资、外部借款融资和上市融资。其中，对于外部借款融资而言，一般对象是银行。银行作为投资者对该企业进行投资，按照贷款合同规定贷款利息，银行获得的投资收益就是这些贷款利息，他们并不参与企业的利润分享。但是，不同企业，银行提供的贷款利率是存在差异的。对于那些立足未稳的企业来讲，这个外来投资的利息率就要高一些，是否应该引入外来投资也需要深思熟虑。

在融资管理方面，可以根据自有资本和外来资本投资者的相应期望计算出资本成本[参见 Kruschwitz(2007)]。我们先简单地从所给的资金成本出发说明经济增加值计算的基本逻辑。

经济增加值的思想基础是，企业应该获得比资本成本高的利润，这个利润要能够对企业价值的增加作出贡献，否则企业经营就会陷入困境。为了确定这个利润的数值，需要用到一个外部会计数据：经营利润。经营利润在损益表中是分开报告的，它是目标收入与目标费用之间的差额，并不减去利息费用，否则就重复多次计算利息了。

经营利润＝目标收入－目标费用(不包括利息费用)

这个数值并不是经济增加值，还要再减去经营利润产生的税费，因为税费是强制必须缴纳的，而且税费并不属于企业价值。最后减去资本成本，得到的余额就是经济增加值。

经营利润－税费－资本成本＝经济增加值

显而易见，如果根据股东价值率的逻辑得到的经济增加值是个正值，企业价值就会增加；如果这个数值是负的，那么企业价值就会减少。

与成本收入核算的其他很多数值不同，经济增加值不仅是一个用于企业内部管理的重要数值，它还用于与外部进行沟通。例如，进入德国股票指数 DAX 的德国上市公司会通过“价值报告”公布经济增加值，向股票持有人报告企业内部管理指标，加大公司业绩透明度，不断改善与投资者之间的关系。虽然关于股东价值的讨论主要是针对那些大型企业的，尤其是上市公司，但还需要强调的是，表明本企业的价值增值，基本上是每个(盈利导向的)企业努力的方向。如果经济增加值或其他类似的一些数值看上去非常好，这是每个股东和企业都希望见到的事。

一个企业会计利润为 130 000 元，其他收入为 30 000 元，其他费用为 12 000

元。资本成本为 56 000 元，利息费用为 43 000 元，那么如果企业税率为 30%，其经济增加值为多少呢？

经营利润：　130 000－30 000＋12 000＋43 000＝155 000(元)

税费：　155 000×0.3＝46 500(元)

经济增加值：　155 000－46 500－56 000＝52 500(元)

近年来，由于能够给实际工作带来方便的可确定性和良好的可理解性，经济增加值这类指标非常流行，DAX30 企业中有 12 家使用经济增加值作为业绩指标。

第 7 章的核心内容

1. 传统的利润核算方法可以通过完全成本法或销售成本法来实现。

2. 运用完全成本法时，应把一定时期内的所有成本和收入进行比较，由于产品成本和销售收入所依据的产品数量是不同的，从而需要结合存货减少和存货增加来计算。

3. 运用销售成本法时，只要直接确定所销售产品的成本和收入，并得出差值，因此无需考虑存货状况。

4. 在实际工作中，为完善企业内部管理和对外交流，通常还需要使用会计利润修正后的利润数值。

5. 经济增加值实际上是建立在会计数值基础上的一个概念。结合考虑财务管理数值可以确定一个绩效，根据股东价值率来增加企业价值。

第 8 章　成本和收入管理的理念

8.1　作为计划与控制先导的成本和收入管理

到目前为止，我们已经介绍了用于理解并计算成本和收入的多种原则与工具。在本章中，我们将提出若干适用范围更广阔的成本和收入管理领域的理念，这些方法在实践中得到更加广泛的运用，对企业流程的筹备、导入和操控提供很大的帮助，即它们全都服务于计划编制和控制领域。就管理控制成本和收入管理功能而言，可按性质的不同将计划编制和控制划分为两个层面，即操作性层面和战略性层面（见图 8.1）。

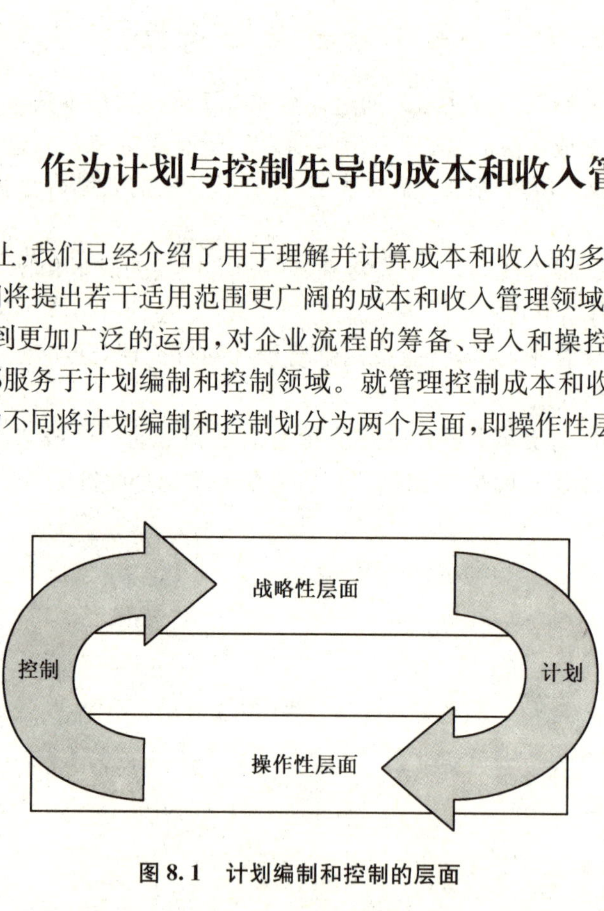

图 8.1　计划编制和控制的层面

战略性层面，是指企业如何在战略的高度上制定出确定企业长期竞争地位的决策，这影响企业的长期成长和生存。企业为了增加顾客价值以获得竞争优势与明智的战略选择紧密相连。已经得到公认的基本战略有三个：成本领先战略、产品差异战略和集中战略。处于企业生命周期不同阶段的企业会采取不同的战略。而操作性层面，就是基于企业一个的预算，然后下属子公司或下属职能部门进行具体的运营操作，包括编制成本和收入预算、制定生产和销售计划及成本和营业额计划等方面。只要是用于支持操作性决策，例如毛利润计算公式可首先归入这一层面。为了举例说明以改变成本为目标的操作性成本管理，接下来我们介绍间接费用价值分析和零基预算方法，并对目标成本作一概述。

在实务中，为了判定一种概念、方法或措施究竟应归属于战略性层面还是操作性层面，可通过以下问题加以确定：在战略性层面，我们要问的是："我们是否做了正确的事。"对应地在操作性层面，我们要问的是："我们是否在正确地做事?"例如，对于国内著名的钢铁企业——宝钢——而言：2003 年，宝钢集团提出了"一业特强，适度相关多元化"战略，这个概念的提出就属于战略性层面；而旗下的子公司为了贯彻执行这个战略会制定一些相应的具体生产措施，如对于钢铁主业而言，通过不断的技术创新，在保质的基础上扩大产能，争做世界一流的钢铁企业。然后，还有一个问题需要注意的是，有时战略性和操作性层面会互相重叠。我们对某一战略计划实施过程加以细化控制，同时也要改进战略目标；为实现这一目标，必须将战略目标引入操作性层面。操作性计划和控制仍然是对战略目标实现过程进行控制、自我调整及在可能的情况下制定新目标的基础。

8.2 间接费用价值分析

当今经济社会环境条件日益复杂，许多企业的间接费用比例上升。与此同时，因为计划、领导、协调和控制活动比例在不断上升，成本结构往往随之发生改变。现在的许多产品的生产过程极为复杂(如汽车和计算机)，更多的计划、领导、协调和控制活动就意味着更多的间接费用支出。另外，企业还将受到不断变化的动态环境条件制约，除生产领域外，研发、市场、行政或销售等间接(支持性)服务领域受环境变化的影响尤其大。问题在于，由此引发的间接费用难以精确掌握，更无法计划和控制，因为间接服务领域的产出往往难以衡量。为解决这一问题，详细剖析并降低该领域的成本，我们将引入间接费用价值分析(GWA)。

间接费用价值分析属于投入导向型的预算分配方法，预算投入及其成本是分析的出发点。换言之，间接费用价值分析以迄今为止的预算为基点，然后可通过附加费或贴现等来调整预算值。间接费用价值分析方法涉及在欧洲广泛运用的间接费用价值分析(Overhead Value Analyse)，该分析方法源于美国的麦肯锡公司，因此具有咨询项目的特点。

在很多情况下，预算在正式计划中有可能被简化为一个仅仅以币值描述的目标，该计划带有某种强制性，将在特定时段内传达至某一决策单位。因此，某市场部经理可能会为引进新产品而受托完成一项新的推广活动，该活动预计将持续4周，且拥有150 000元的预算。

显然，很多时候预算在文献中的作用被极大地低估了。从实践的角度来说，预算是控制的关键所在，预算是一个重要的计划和领导工具，几乎可应用于所有服务领域中，列入预算的费用(如长期雇员的人事成本)多为间接费用。

在财务分析进行时，如果企业发现某些领域间接费用比例特别高，此时就需要采用间接费用价值分析方法，通过分析投入间接费用对该领域的价值贡献来确定该领域业绩的成本效益比，以此判断哪些是必要业绩，哪些是不必要的业绩，从而提高必要业绩的性价比。这一分析须遵循固定的项目流程，图8.2展示了该流程的各个阶段。

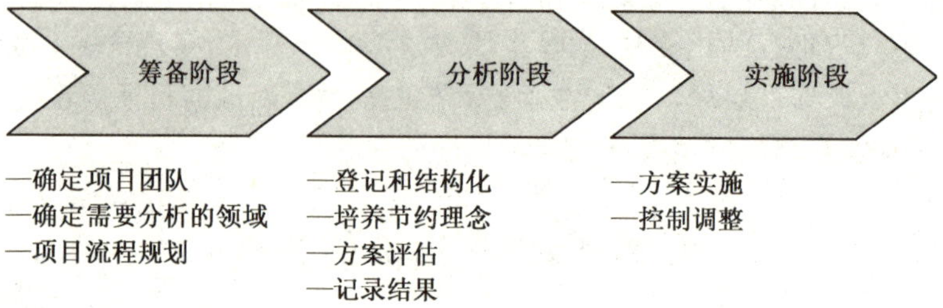

图8.2　间接成本价值分析的阶段

在筹备阶段，首先要确定实施间接费用价值分析的团队，随后确定需要分析的领域，接下来是项目流程的规划。

在分析阶段，先是登记记录该领域生产过程中发生的成本，并将其结构化。一般上述过程是通过员工调查问卷进行，确认哪些成本对应该领域的哪些业绩，其中哪些活动会频繁发生，它们会占用多少时间。然后将各项岗位成本按所需时间计入业绩成本。第二步是培养节约理念，它包括从流程重组到业务的彻底转移(外包)等一系列步骤。接下来将各项提议可能实现的成本削减与其额外费用进行对比。节约理念的培养往往对企业的成本控制起到关键作用，进一步的成本挖潜，进行行业或企业内各个职能部门的指标分析来控制企业的成本，这一方法已经被国内外许多成功企业所采用。

例如，我们可在分析的第一步中确定，应在寄送货物前进行多项人工控制。这些控制将确保正确的货物到达正确的客户手中，不过它们会占用太多时间，成本效益比也不尽如人意。因此,我们建议在第二步中要么减少控制数量,要么采用新技术实现自动化,但须分别衡量两种方案的成本下降幅度及额外费用。间接费用价值分析小组所分析的预算削减数值往往是预先规定的。在实践中,预算削减幅度通常可达40%,这个相当高的数值可用于激发人们完善提议的积极性和创造性。

对于方案评估这个步骤,一般是聘请外部顾问来执行。一个项目团队会提出各项不同的改善方案,此时需要外部顾问根据各项相关因素进行可行性评估分析。例如,尽管在寄送过程中减少控制会降低测试费用,然而因交货错误而导致的退货及重新寄送所产生的费用有可能上升。此外,客户满意度也可能下降,这也许会导致后续订单大幅下降及销售额的减少。出于上述原因,必须关注该措施除经济效益之外有可能进一步引发的风险,实施措施所需的时间也须纳入评估范围。

外部顾问会采用某些关键成功要素指标来评估上述备选方案,从中选出最佳方案。企业根据这个最佳方案来做出提案并向企业管理层提出具体措施建议,为此须将措施转化为拥有具体时间框架的行动纲领。只要管理层作为最后拍板者予以批准,该计划便可进入实施阶段。为确保计划的执行与之前拟就的提案相符,最迟至这一阶段应进行一次考查,审核成本削减是否达到预定数额尤为重要。为检验各个环节的效率,此时往往会启动一项附加的措施考查。

一般而言,前两个阶段需要3~5个月的时间,实施阶段则需要1~3年。后者的时期较长是因为人们往往将固定成本计为人力成本,从而导致前者总额下降。实际节省的费用尽管远远低于预定的目标,相对来说在实践中却并不算低。正因为如此,霍瓦特(Horváth,2006)认为该领域的成本下降幅度可达间接费用的12%~20%。

一般企业能够顺利运用间接费用价值分析方法,并能取得巨大成功。往往这些企业都是在面临企业财务危机时,才采用该方法,以维持特定领域或整个企业的运行。因为间接费用价值分析可大幅提高相关企业部门的有效性和效率,是一种相对极端的间接费用削减工具,所以如果企业能够顺利使用该方法,一般能够使企业扭亏为盈。但是实践中表明,方法实施过程中会引发严重的员工问题。特别是在国外,国外工会对于员工权利的保障极为重视,一般涉及员工利益问题态度都极为强硬。而在实行间接费用价值分析方法时,为了实现成本的大幅削减,不可避免要通过裁员来实现机构的精简从而降低人事费用。往往员工为了保住职位,会采取罢工或其他方式来威胁企业。所以,间接费用价值分析更适用于紧急情况,或是基于高额成本仅以较长的时间间隔加以实施。然而,就提供结构化方法及使企业流程成本透明化而言,间接费用价值分析是适用的。

8.3 零基预算

零基预算的全称为“以零为基础编制计划和预算的方法”，它最初是在20世纪60年代初由得州仪器公司开发的，是指在编制预算时对于所有的预算支出，均以零为基底，不考虑以往情况如何，从根本上研究分析每项预算有否支出的必要和支出数额的大小。这种预算不以历史为基础作修修补补，在年初重新审查每项活动对实现组织目标的意义和效果，并在成本—效益分析的基础上，重新排出各项管理活动的优先次序，并据此决定资金和其他资源的分配。

与间接费用价值分析一样，零基预算(ZBB)适用于运营计划和控制层面。但不同的是，零基预算是一种产出导向型的间接费用计划工具，这意味着后者的出发点并非之前的投入即迄今为止的预算，而是产出预算，即相关领域所完成的业绩，因此首先需要确定的是应当降低、提升还是维持之前的产出水平。这一分析还包括了新的产出和资源的再分配。零基预算尤其适用于分散型企业，它可以极大地提高透明度，从而降低在末期迅速“挥霍”完预算以便在下一期重新获得经费的风险。类似于间接费用价值分析，该方法相对复杂，因此只能不定期实施，即当企业意识到有反向操控的需要时才得以应用。

同样，零基预算程序的起点也是组建团队并确定分析目标的筹备工作。接下来，我们将在第一阶段对决策单位进行定义，一般企业里各基层业务单位通常被视为能独立编制预算的基层单位，其中，成本岗位及其职能领域、部门或团体均属于决策单位，因此图8.3中的案例将成本岗位的功能区“材料”定义为决策单位。决策单位“材料订购”则由货物采购和供货条件谈判之类的活动组成。每个决策单位中的一般目标和具体业绩被定义为各类工作成果。此外须分配人事和材料费用，确定需要完成的业绩及服务对象。

接下来我们要确定业绩水平，它与决策单位的业绩数量和质量有关，低水平值表示达到目标所需的最低业绩，高水平值则反映了值得追求的目标，中等水平值则是对现状的描述。在材料订购中，低绩效水平即接受附近供应商最先提供的低价货物。相反，高绩效水平则要求员工进行全球调研，以确定最佳的价格和供货条件组合。

在接下来的第二阶段，我们将对旨在达到绩效水平的备选方案进行定义，并兼顾定量和定性两个方面，这样便可确定成本削减的可能性。除了达到目标所需的纯最低水平，还需对服务于整个企业的其他附加业绩加以考量，这样可避免某部门的成本削减给其他部门造成负担。我们可以通过模拟不同的预算水平对相应的后

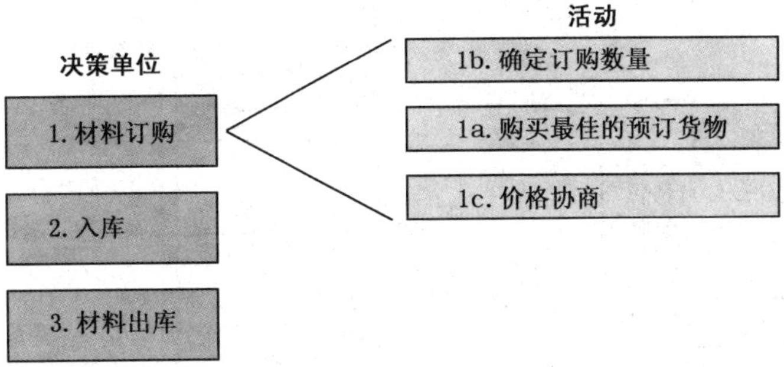

资料来源：参见 Joos-Sachse (2004)，第 284 页。

图 8.3　决策单位的定义

果分别进行评估，以达到特定水平为目标的决策单位活动总和即所谓的决策包，它们构成了日后管理层决策的基础。

在第三阶段，我们将以此为基础划分决策包的等级。管理层对每一个项目的所需费用和所得收益进行比较分析，权衡轻重，区分层次，划出等级，排出先后。预算单位的业务项目一般分为三个层次：第一层次是必要项目，即非进行不可的项目；第二层次是需要项目，即有助于提高质量、效益的项目；第三层次是改善工作条件的项目。进行成本效益分析的目的在于判断基层预算单位各个项目费用开支的合理程度、先后顺序以及对本单位业务活动的影响。所谓的预算区域将最终被批准的决策包与落选的决策包区分开来。以上步骤如图 8.4 所示。

与间接成本价值分析一样，零基预算有利于增加预算的透明度，预算支出中的人事费用和专项经费一目了然。在预算编制过程中，通过企业内部的沟通和协调使得企业整体目标更趋明确，多业务项目的轻重缓急容易得到共识。不过零基预算的重心是成本的再分配；与间接成本价值分析中相对强硬的整顿方针相反，预算的各项用途均须慎重考虑。尽管零基预算法有许多优点，但在实际运用中仍存在一些"瓶颈"。例如，由于一切工作从"零"做起，因此采用零基预算法编制工作量大、费用相对较高；而且任何工作项目的"轻重缓急"都是相对的，过分强调当前的项目，可能使有关人员只注重短期利益，忽视本单位作为一个整体的长远利益。

8.4　目标成本法

目标成本法就是在企业预算，即成本预测、成本决策、测定目标成本的基础上，

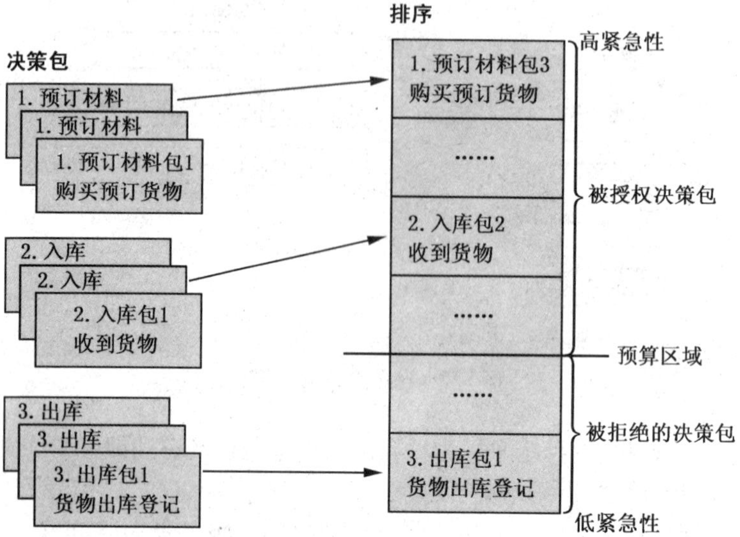

资料来源:参见 Joos-Sachse (2004),第 286 页。

图 8.4　决策包和预算区域的排序

根据企业的经营目标,进行目标成本的分解、控制分析、考核、评价的一系列成本管理工作。它以管理为核心,以核算为手段,以效益为目的,对成本进行事前测定、日常控制和事后考核,使成本由少数人核算到多数人管理,成本管理由核算型变为核算管理型;并将产品成本由传统的事后算账发展到事前控制,为各部门控制成本提出了明确的目标,从而形成一个全企业、全过程、全员的多层次、多方位的成本管理体系,以达到少投入多产出获得最佳经济效益的目的。因此,它是企业降低成本,增加盈利和提高企业管理水平的有效方法。

与本章之前介绍的其他概念相反,目标成本的关键在于产品核算。然而其逻辑不同于第 5 章中的核算方法,后者以实际成本或预测成本为基础,可从中推出产品自身的成本,并据此提供定价基础。与此相反,目标成本遵循从价格到成本而非从成本到价格的演算路径,其关键在于:(在目前的定价水平下)该产品可能产生多少成本?

以目标成本为主题的第一部关键性学术著作来自日本,在那里,目标成本的理念早已被广泛接纳。早在 1965 年,丰田便发明了目标成本(日语中为 Genka Kikaku)方法并将其投入应用,20 世纪 70 年代,该方法在日本得到进一步传播。然而在欧洲和美国,目标成本法几乎与实践无缘。虽然这些地区也曾采用此类方法,其效果却与日本相去甚远。在日本,目标成本已成为一个囊括所有企业领域和功能的广泛理念，而其他国家仅采纳其核心理念。

目标成本法从制定目标成本出发，划分为四个步骤。第一步先确定产品的目标售价，可以根据消费者需求、竞争者定价分析等方法确定。然后根据企业的中长期目标和利润计划确定目标利润，由此可以倒推出所谓的容许成本。接下来，我们可将容许成本与根据“传统”算法得出的成本进行对比，两者的差额表明了必须达到的成本削减幅度。因为只有当产品成本不超过容许成本时，才能实现预期利润。在完成第一步，确定新产品的容许总成本之后，便可采取第二步即所谓的目标成本分配。为此，我们将容许总成本分摊给各个单元，更确切地说是单元的制造成本。在第三步即目标成本实现过程中，我们力图削减成本，以接近成本目标即容许成本。为此我们需要替换个别材料、变更单元或删减功能。目标成本的第四步也是最后一步包括持续至制造环节的成本控制。这种常设的目标—实际比较可确保员工遵循计划成本的规范。

尽管当时尚不存在全面目标成本管理理念，但德国大众汽车公司在20世纪30年代便已采纳这一理念，其动力源于管理层的严格指标——实现低成本生产，以推出价格不超过990马克的大众汽车。为实现这一目标，人们寻求各种可能的技术方案并将其进行对比。弗朗兹(Franz,1993)在报告中举例说，基于上述考虑，应当在大众汽车上安装滑车组制动器而非液压系统。与其他车型相比，该设计可节约高达25马克的成本，这种与产品相关的成本管理为相对便宜的大众车型上市提供了可能。著名的大众甲壳虫汽车一直生产到2002年，总销量达2 150万台，并由此成为有史以来最畅销的汽车之一。

目标成本管理在今天之所以如此重要，是由当今的产业环境性质所决定的。如今，企业必须面对全球性的竞争环境，适应快速变化的特点。作为传统的竞争战略，通过技术领先达到产品高质量，已经不能为公司提供持久的竞争优势。另外，竞争者之间的产品质量差异正在逐渐缩小，使得依靠质量差异化的竞争战略很难奏效。产品质量需要提高的同时，成本也必须降低。除了质量和成本外，时间也构成新战略三角上的重要一点。公司应对商业竞争环境，需要做到在环境变化影响公司经营之前做出回应；持续地改进经营，而不仅仅是寻找暂时的均衡；向外关注顾客的要求以及竞争者的威胁；将公司内部和外部各因素有机结合，将问题作为一个整体来看待并解决。传统的成本管理体系是为温和的竞争环境设计的，那时产品生命周期相对较长；传统方法无法适应现今的商业环境，因为它是在事后控制成本与质量，试图寻找暂时的均衡，对内关注效率，暂时性而非彻底地解决问题。

目标成本法的应用催生了一种截然不同的产品及成本视角。总之，目标成本法是一个非常全面的操作性成本计划和控制理念，早在产品开发阶段，它便开始执行削减成本的功能，以实现产品成本管理的目标。

8.5 生命周期成本管理

战略成本管理强调外部方面的重要性，以及识别和利用内部和外部联系的必要性。生命周期成本管理（LCCM）是一种与之相关的方法，通过建立一个概念性的框架，使管理人员能够开发利用内部和外部联系，它描述了一种用于战略计划编制和控制的管理控制工具。要理解生命周期成本管理的意思，我们首先需要理解基本的产品生命周期概念。

图 8.5 描述了“市场观”下描述一种产品经过不同生命周期阶段的一般销售模式。传统产品生命周期可划分为五个阶段：引入期、成长期、成熟期、饱和期与衰退期，它们囊括了产品在市场逗留的整个时期。由于成本问题，只有在这段时间内，产品才有可能创造效益，正产品收入有可能仅仅出现在中间的市场阶段。此外，在进入市场阶段之前，产品成本便已发生；当产品退出市场之后，成本依然有可能发生。基于上述考虑，生命周期成本可划分为三个阶段：起步阶段、市场阶段和善后阶段。

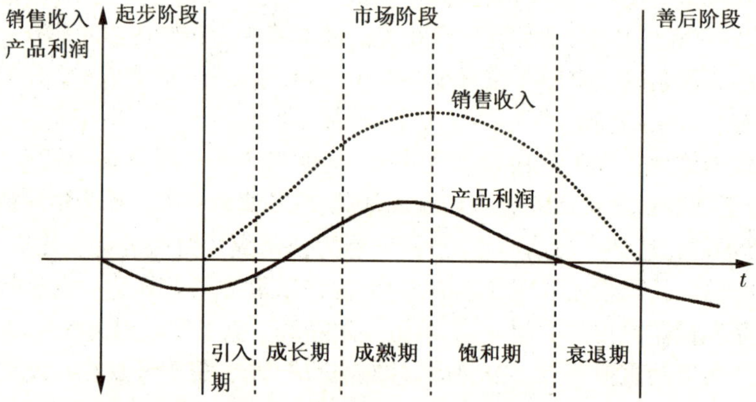

图 8.5 产品生命周期的各个阶段

在初始阶段即起步阶段，主要涉及产品从设计投产到销售准备等一系列工作。一般先对新产品进行研发，研发成功之后就会着手开始量产，然后准备投入市场开始全面销售。接下来是市场阶段，这个阶段是以产品销售为主。一般新产品投入市场，由于产品品种少，顾客对产品还不了解，除少数追求新奇的顾客外，几乎无人实际购买该产品。生产者为了扩大销路，不得不投入大量的促销费用，对产品进行宣传推广。随着顾客对产品的不断熟悉和适应，销路不断开拓，从而获取产品利润。在接下来的善后阶段，销售结束后的活动将导致成本发生，包括产品清理、售后服务和产品保障。如表 8.1 所示，和单项成本一样，收入亦可按特定期间区分开来。不过，三个阶段也有可能相互交叠。因此，在事后的产品变更阶段可能会发生研发活动，或者企业在市场推广初期便开始提供同步服务。

表 8.1　　生命周期成本和收入的系统化

生命周期阶段	成本	收入
起步阶段	起步成本： ・产品和操作方法开发成本 ・市场调研成本 ・产品测试成本 ・采购和物流成本 ・・・・・・	起步收入： ・补贴
市场阶段	运营成本： ・生产成本 ・管理和销售成本 ・其他开发成本	运营收入： ・销售收入
善后阶段	后期成本： ・保修成本 ・维护成本 ・售后服务成本	后期收入： ・检查和保养收入 ・售后服务收入 ・许可证收入

资料来源：参见 Joos-Sachse (2004)，第 293 页。

通过上述三个阶段分析可以清楚地看出，不同生命阶段，产品对应的成本和收入是不同的。在起始阶段，由于新产品的研发活动等需要大量的资金投入，而且新产品上市缺乏市场影响力，所以短期内的收入前景也不是很可观，导致该阶段的微薄利润甚至亏损。但是随着市场阶段的到来，高收入的产生会扭转这个局面。所以，对于一个明智的企业而言，要尽量做到不同产品的生命周期前后错开，避免同时研发多种新产品，导致企业研发费用高涨。因此管理层的任务是，打造一个良好的"混合年龄"产品组。

在生命周期成本核算中，我们进行了跨期间的成本和收入观察。相反，传统的成本和收入计算提供的是一种统计性观点，它对成本和收入的理解仅限于各个期间内。因此，传统方法将当期发生的研发或清理成本作为间接费用加总，并以附加间接费用的形式分摊到当期生产的其他产品上。补贴或事后许可证出售带来的收入则被视为间接收入，通常不会进入传统的产品核算范畴。

全球化的趋势和不断创新的技术，使得产品生命周期不再按照最初的五阶段进行，而是出现生命周期的缩短和产品的跨期发展。所以跨期的观察视角构成了生命周期成本核算的优势，它能够正确评估出在短暂的市场阶段中，产品的收入和新产品研发的成本是否合理。此外，由于客户需求深度和广度不断加深，导致产品差异化需求成为市场主流，进一步导致了产品生命周期的缩短。因此，对许多企业来说，研发领域的重要性正在不断提高，起步阶段的成本亦随之上升。同样地，善后成本也因为不断加强的包装回收及清理义务而提高。从这些发展趋势来看，对产品成本和收入状况进行战略性计划和控制具有极为重要的意义，正是生命周期成本核算使得这种战略性措施成为可能。

8.6　经验曲线的理念

最后，我们将介绍经验曲线的理念，经验曲线是一种表示生产单位累计产量与产品单位成本的关系曲线。学习效应及与其密切相关的经验曲线效应表示了经验与效率之间的关系，当个体或组织在一项任务中通过学习得到更多的经验，他们会变得效率更高。简而言之，就是如果一项生产任务被多次反复执行，它的生产成本将会随之降低。经验曲线理念指出，一个产品应尽快夺取较大的市场份额，因为高产出可降低单位成本，从而形成竞争优势。

早在20世纪30年代，人们便发现了产品成本随产量增长而递减的模式，累计产出每翻一番，新创造的价值（消除通货膨胀的因素）的单位成本便有可能以固定比例下降，通常为20％～30％（见图8.6），这种成本发展模式被称为经验曲线。

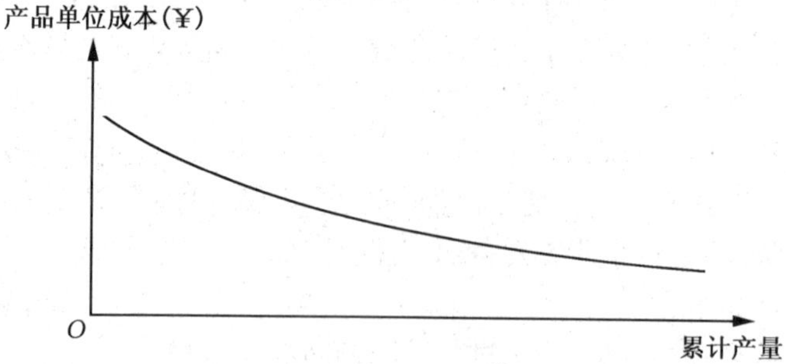

图8.6　经验曲线

这里，我们需要区别一个概念，就是规模经济效应（economies of scale）。经验曲线效应与规模经济效应并不相同。规模经济是指工厂或企业随着生产和经营规模的扩大，其单位产品成本不断下降，收益递增的一种趋势。其成本降低主要因为(每一批次的)生产规模，而不是累积产量的大小。

规模经济效应可能呈现为动态和静态两种形式。当产量随着时间的推移不断提高时，动态规模效应表现出跨期的特点，其中包括员工按程序愈来愈娴熟地完成工作时所产生的学习效应。此外，比较典型的做法是在扩大生产时采取合理化措施，以提高生产效率，因此企业会用机器或由计算机操控的设备来接替员工的部分工作。此外，随着技术进步，生产设备的效率也不断提高。随着产量增加，操作方法变得愈来愈高效，产品亦实现了标准化。这一切都将导致平均单位成本下降。

静态规模效应是指当期产量增加时效率的提高。假如产能得到更好的利用，固定成本将被分摊到更多的产品上，因此固定单位成本下降。此外，企业为扩大生产须购买更多原料，从而引发企业采购大量的原料，这样它们便可占据一定的市场地位，以便在采购时压低价格。

为实施战略计划和控制，管理层应当整合在成本节约过程中出现的学习效应，例如，索尼根据经验曲线预测未来生产成本将会下降，因此有意在初始阶段以制造成本提供游戏机 PlayStation 3®。这一战略的目标是，可以比更低定价提高夺取市场份额的速度。

不过，总体而言，我们必须强调学习曲线不是“自我推进”的。不断扩大的市场份额使得产量增加成为可能，但尚不足以达到预期效果。因此，成本节约不是自发产生的，而是依赖于一个降低成本、提高利用率和效率的持续过程。

第 8 章的核心内容

1. 成本收入管理可以分为战略层面和操作层面两个层次。

2. 间接费用调整法以当前的预算为起点，通过附加费或贴现等来调整预算值。

3. 零基预算从根本上否定过去预算的作用，一切从零开始，根据任务的轻重缓急和资金的情况安排预算。

4. 目标成本法通过对于企业的目标进行逐层分解，明确企业每个员工的任务，从而实现全面管理的目的。

5. 生命周期成本管理强调外部影响的重要性，根据产品生命周期不同阶段的特征，通过管理，从而实现企业盈利稳定发展的目标。

6. 经验曲线建立在学习效应的基础上，通过产量和成本下降之间的关系，对于成本进行动态核算，实现战略管理。

第 9 章　中国的管理控制

9.1　发展背景

根据西方发达国家的发展经验，成本收益分析会根据企业工作的需要逐步扩大自己的内涵和外延，从单纯的财务成本收益分析逐步发展成为涉及企业管理总体战略、战术政策和运营操控的管理控制，将涉及信息收集和预测（包括财务成本收益数据）、备选方案分析、风险管理以及监督控制的各个方面，本章将从这个角度出发，介绍中国从成本分析出发的管理控制现状和将来的发展趋势。

9.1.1　环境

相比西方国家，中国的国情有其特殊之处，这也影响了管理控制学在中国的发展：目前，中国处在经济转型时期；中国的会计质量与国际标准还有较大差距，由于缺乏市场透明度，信息和财务数据的获取并不总是那么容易。中国国内市场为国有企业和受国家控股的上市公司所控制，因为国家作为所有者的身份是相当抽象的，所以国有企业成本压力较小，对企业成本的精确核算需求并不是很大，有些企业的领导也将其视为不必要的繁琐工作。另外，国有企业奖励的分发也不一定是以业绩为导向的奖金，“额外奖赏”（非货币性的奖励，如职称、名望、配备司机的公车使用、低价的住房等）反而显得更为重要。部门主管试图通过最大限度地发挥本部门的预算来提高自己的地位或取得“额外奖赏”，成本最大化对部门主管个人是有好处的。当然，随着我国经济体制改革进一步深化，中国企业的管理体制也在逐步得到改善，同时随着国际和国内市场竞争的加剧，特别是金融危机之后，对于私营企业来说，成本已经是一个涉及生死存亡的关键问题。另外，随着国家对于国有企业管理体制的改善，国有企业目前也越来越感到成本的压力，所以成本分析将成为我国企业管理控制的一个重要组成部分和基础。

在中国，不管是过去还是现在，企业的工资都处于较低水平，就算现在企业高级管理人员的薪资有了很大的提高，但是整体工资水平还是很低的。但是，随之而来的是工作的低效率，虽然在降低人力成本的绝对值方面机会不多，但是我们还是可以从提高效率的角度来降低相对成本。另外，在我国的生产过程中，资源的消耗远远大于国际先进水平，因此成本分析可以为降低物质的消耗指明方向。

另外，中国改革开放以来经济取得了辉煌的成绩，取得了平均10%以上的年度增长率，这是一个十分了不起的成果。随之而来的是经济环境发生了天翻地覆的变化，这对于我国经济发展是必需的，但是也对管理控制提出了新的挑战，如何面对飞速变化的环境实现管理控制的目标，特别是战略控制和风险管理，这都是我们必须面对的问题，我国的管理控制必须有一个全面的发展。

9.1.2 民族特性差异

中国人的民族特性有别于西方，中国人并不那么愿意精确地观察世界。西方人习惯用准确的定义和逻辑的思维方式去寻求真理，而中国人则更强调务实地处理现状，会接受一个差不多的解决方案。西方人通常使用演绎战略解决问题，而中国人则经常借助于非演绎的方式。

在欧洲，人们对一些主要课题的研究成果总是在最后得出，并将所获得的新知识排序归类。这种思维方式的特点是鉴于因果关系原则上的线性渐进，创新在欧洲意味着新事物、新方法的发明，与此相反，中国人则重视对问题局势的观察，创新意味着解决具体问题或发现新的应用。上述不同的民族特性导致管理控制在中国更以实践为导向，而不是理论导向。

9.1.3 任务

在西方国家，人们要求管理控制师准时准确地提供数据，履行当地政府部门的报告要求，为合并报表提供数据支持(如以IFRS和美国GAAP为基础)，或是进行风险管理活动。在中国，管理控制师的任务是资本运营，以支持管理活动中出现的任何资金问题，并实施内部监督。管理控制在目前实践中的主要任务是财务成本控制和内部审计，现代的导向性管理概念如基于价值的管理(VBM)并未被纳入管理控制的任务范畴。

9.2 管理控制在中国的发展

现代管理控制的概念1996年引入中国。修改后的《会计准则》中纳入了管理控制这一概念，但主要指的是内部监督任务。1999 年制定的《会计法》中首次在法律层面上规定了管理控制的基本原则：明确的职责，明确的分工，狭义上的检测和监督。2001 年，财政部制订了《内部会计控制的基本原则》和《内部会计控制准则：现金》，其中的基本原则包括合法性原则、有效性原则、成本效益原则和及时性原则。会计控制的对象包括资金、原材料、投资、工程、采购以及付款、融资、销售、收入、成本和保险费用等。各种管理工具得到运用，审计事务所也被邀请参与审计，检查企业是否按照法律和有关准则的规定行事。2000 年，中国证监会制订了《上市公司信息披露准则》，规定上市的商业银行、保险公司和证券交易公司必须建立起内部控制系统，并由高级会计师对其进行审计和复核，这种内部控制系统主要包括控制环境、会计系统和监督程序。2002 年，中国人民银行制订了《商业银行内部控制准则》。国际上普遍的 COSO 模式也被介绍到中国，内部控制增加了环境控制、风险识别与评价、信息沟通与交流和控制措施等内容，这些原则在银监会 2007 年颁布的《商业银行内部控制指引》中再次得到确认。另外，2006 年和 2007 年上海证券交易所和深圳证券交易所分别颁布施行了上市公司内部控制指引，在 COSO 要素的基础上确立了目标设定、内部环境风险确认、风险评估、风险对策、控制活动、信息沟通和监督检测等八个要素，确定对于控股子公司、关联交易、对外担保、募集资金使用、重大投资和信息披露六个内部控制的重点区域，体现了上市公司的特点。2008 年财政部、证监会、审计署、银监会和保监会联合发布了《企业内部控制基本规范》，确立了企业从董事会到具体员工的各个层面全面参与的原则，内部控制要素方面明确规定了 COSO 的五要素，把该五要素从商业银行的内部控制推广到企业的内部控制。并在此基础上，制定了内部会计控制规范：基本规范、货币资金、采购与付款、销售与收款、工程项目、担保以及对外投资，为我国企业的内部控制提供了一个完整的框架，把我国企业的内部控制水平推进了一步。

9.3 管理控制的现状

9.3.1 运用工具

管理控制工具可分为分析工具、预测工具、评估工具和控制工具。其中，在中国经常使用的分析工具有优劣势分析、产品生命周期分析、经验曲线分析与目标成本分析等；差异分析常被作为一种预测工具；评估工具用的主要是投资核算和成本核算；作为控制工具的方法主要有偏差分析和抽样分析。

9.3.2 公司治理与价值管理

20 世纪末亚洲金融危机以后，中国全面引入了公司治理原则，但其价值直到今天也没有受到充分重视。由于显著的环境差异（如法制环境、所有制结构和产权等），许多西方的原则并没有被直接采用。中国公司治理的首要任务是：提高市场透明度、建立利益冲突的解决机制以及加强公司治理原则在实践中的接受程度。公司治理的重要性日益凸显，产权并不单独发挥决定性的作用，合理划分产权仅是进一步改革的基础。

作为收益管理的进一步发展，价值管理在学术界已经引起了广泛热烈的讨论，尤其是关于环境保护问题和利益相关者的权益保护问题。而对于公司本身而言，目前这些问题还没有受到重点关注。由于中国经济的发展很大程度上是建立在对自然资源过度利用的基础之上，所以我们现在的发展模式是不能够持久下去的，因此我们可以推断，这种情况在可预见的将来会发生改变。在企业的发展过程中，考虑社会相关各界的利益是我国企业管理实践目前必须解决的问题，也是保证我国企业持续发展的基础。

9.3.3 财务控制

在中国，管理控制通常被理解为以成本收益控制为主体的财务控制。人们试图通过比较预测与实际的财务数据来掌控企业发展，财务控制是管理控制在现金、投资与融资方面的组成部分。预算在其中有着非常重要的作用，中国的预算在规模和定期调整方面有着高度的灵活性，预算是一种指导性的，而非强制的规模计划。西方国家的预算必须在运营控制的框架下进行，而这在中国往往被忽略，人们并不是过多地以预算为导向，以此来确保行为的高度灵活性。这种基本思想导致了企业并不一定要维持预算框架，形成预算必须要有当下准确的财务数据，在中国，尽管数据资源非常丰富，但是辨认数据的准确性却有很大的难度。上市公司的财务数据往往受到操纵，审计系统的运行也不是非常理想。对于非上市公司而言，数据的准确性就更难判断。此外，财务数据的更新也是问题重重，因为在很多情况下，人们只能依赖过去的数字。

9.3.4 内部审核

内部审核在中国属于管理控制的一个部分。它是内部监控的主要工具，实际上来源于公司内部的需求。然而，由于历史的原因，中国的企业无权进行自主的内部审核，因为就像在政府部门一样，行政权力总是唯一的权力。所以对内部审核的地位没有明确定义，内部审核和外部审计之间区分也不明晰。内部审核并不是独立的运作,而是和其他部门有着相同的地位,这对内部审核的程序产生了负面的影响。由于该部门在企业中并不是重要的部门,部门内的员工也并未获得特别好的培训,因而也无法很好地完成管理控制的任务,内部审核工作仅限于对遵守法律法规情况的检查,这样的工作并不是真正意义上的审核工作。

9.3.5 人员投入

虽然在有些外资企业中设有管理控制部门并配备了相应人员,但在中国的企业中,管理控制还没有作为一个单独的部门被予以承认。很多管理控制的任务被划分到计划、监控、会计等部门或董事会办公室等。

在中国,不仅管理控制师的数量不足,管理控制学科的教学、培训情况也并不令人满意。虽然专业的管理控制师数量在不断增加,但仍然不能满足市场的需求,尤其是大多数中国高校的学术标准仍不能与西方的大学衔接,管理控制学科还未作为一门研究性学科得到认同。中国的管理控制师几乎很少有符合国际会计标准(IFRS/IAS)的实践经验,除此之外,高级的专业管理控制师往往希望在外资企业中工作,以获取更高的收入。

9.4 中国管理控制未来的发展

从成本收益分析发展而来的广义管理控制概念必将在中国得到认可,实现COSO的内部控制建议、加强企业之间的信息交流、制定明确而富有约束性的准则和标准化管理控制系统的评价体系是我国管理控制的重要任务。

同时我们也有必要改善公司治理,董事会、监事会和咨询委员会的权限应该明晰,小股东的权益应该得到特别保护。所有制结构应该得到改革,以避免大股东对企业的主导影响。商业银行的权利也应加强,使其能对企业施加更多的压力。

应建立适当的组织,根据管理的需要分配内部权利,这里涉及的是决定权和监督权。应重视风险管理,包括风险识别、风险评估、风险预测和风险控制,对风险不仅应从战略层面,还需从运营层面加以重视。我们还应该改善公司的信息系统,以确保及时提供必要的信息,企业资源规划是必需的。此外,内部审核也应加强;管理控制部门应获得更大的自主权和更高的地位,内部审核的目标必须明确界定;员工的专业资格应该通过更多的培训和再教育来强化;内部审核过程还应该加以规范。

我们要从战略发展的角度来看待成本收益分析,并努力在成本收益分析的基础上建立现代化的管理控制,这样我们中国企业的持久发展能力才有保障,也是从中国制造发展到中国创造的必由之路。

作业题目

题目 1	第 1 章

一家拥有 5 位固定员工的软件制造商，每年需支出人事费用112 500元，公司办公楼的年租金为28 000元，利息费24 500元，折旧费30 000元，无其他运营成本。

目前该公司正在开发一套软件，预计将于年末上市。根据生产成本可得烧 DVD 碟的单件成本为 2 元，包装及使用手册的成本为 3 元，定价每套 135 元。该公司今年不打算推出其他产品。

1. 该公司今年至少要卖出多少件产品，才能避免亏损？

2. 请图示第一小题中的收入和成本状况。

3. 该公司在年末发现，新开发的程序有重大缺陷，经常造成死机。据估计，该产品的彻底完善仍需一年时间。由于目前该产品创新性不足，若是以 135 元的价格出售，预计销量仅为1 800套左右，单位可变成本依然是 5 元。或者公司可将未完成的程序以60 000元的价格出售给另一家软件开发商，并于第二年着手开发另一套软件。据估计，该软件的销售收入将达180 000元，可变成本为4 000元。

这两套决策方案的收入和成本分别是多少？请说明公司应该采用哪套方案。

题目:2	第 1、第 2 章

对克鲁格公司(Krüger & Co) GBR 进行业绩核算，以下是来自损益表的信息。

2007 年度损益表	
销售收入	230 000 元
退税	23 000 元
材料成本	40 000 元
人力成本	65 000 元
折旧	54 000 元
利息费	20 000 元
特殊费用	12 000 元
投机亏损	45 000 元
会计利润	17 000 元

另有信息如下：

1. 就材料成本和人力成本而言，外部和内部会计之间不存在评估差异。

2. 克鲁格先生自行管理企业，该行业同等薪酬水平约为每月4 500 元。

3. 计算可得 2007 年度核算利息为30 000元。

4. 2007 年度折旧费估值为60 000元。

题目 3	第 1、第 2 章

以下是一家建筑公司某月发生的交易，请按以下基本会计概念对其进行归类。其中，A. 基本成本；B. 异类成本；C. 附加成本；D. 目标费用；E. 营业外费用。

共消耗价值 10 000 元的制造材料，内外部会计之间不存在评估差异。	
核算企业工资 4 000 元。	
支付上一年度的营业税补足款 8 000 元。	
本月企业产生电费 600 元。	
记入公司汽车折旧费 2 500 元，核算折旧费 3 000 元。	
核算业主妻子贡献的义务劳动 2 500 元。	
向公益组织捐款 1 000 元。	
向建筑工人支付劳动工资 72 000 元。	
鉴于投机亏损计入某一金融资产的折旧费 4 000 元。	
公司办公地点位于业主夫妇很久之前放弃使用的别墅内，同等水平的办公楼租金为 1 500元。	

题目 4	第 2 章

一位个体户在上海经营一家小旅店，她根据财务报表起草了 2007 年度损益表，现计算当年的企业绩效。

以下为相关报表与信息：

2007 年度损益表	
证券销售收入	9 200 元
利息收入	13 300 元
销售收入	899 500 元
销售成本	247 000 元
人力成本	390 000 元
减值使用的固定资产折旧	105 000 元
广告费	44 000 元
其他经营必需费用	29 900 元
坏账开支	5 000 元
营业税	27 800 元
2006 年补交税款	8 000 元
利息支出	4 320 元
经营利润	52 700 元

1. 减值使用的有形固定资产包括所有运营必需的固定资产(餐具、客房和旅馆房间的家具等)。2007 年底,这些资产共价值245 000元。

2. 据可靠估计,在机器到达使用期限即 6 年后,购置新设备需要513 000元,这一数字已包含了出售旧机器所得的预期收入。

3. 2007 年运营所需的平均流动资产价值为300 000元。

4. 预收的商品和服务费用达100 000元,信贷债务为230 000元。

5. 主要银行的企业账户存款利率为 2%,贷款利率为 10%,长期资本市场利率为 5%。

6. 本月坏账开支远超平均水平,通常每月平均坏账开支为1 000元。

7. 根据商会(IHK)的报表,同等水平酒店管理层的平均年薪为84 000元。

问题:

1. 用直线法计算 2007 年的折旧费。

2. 计算 2007 年的核算利息。在计算运营必需资本时,以 2007 年平均相关剩余账面价值为起点计算固定资产,以平均相关价值为起点计算流动资产,同时考虑净资本。

3. 根据以上信息还可算出哪些费用?请列出名称及数值。

4. 列出 2007 年的全部收入和费用，据此计算利润。

题目 5	第 2 章

以下是一家酒店 5 月的短期收益表：

2007 年 5 月短期损益 单位：元		住宿	菜肴	饮料
销售收入	1 128 300.00	248 226.00	620 565.00	259 509.00
－直接原料费用	293 000.00		216 800.00	76 200.00
毛利	835 300.00	248 226.00	403 765.00	183 309.00
－直接人事费用	305 000.00	62 600.00	205 000.00	37 400.00
部门业绩	530 300.00	185 626.00	198 765.00	145 909.00
－纳税、保险	24 400.00			
－能源	59 940.00			
－间接人事费用	120 000.00			
－管理	101 200.00			
∑运营成本	305 540.00			
经营业绩 1	224 760.00			
－折旧	43 600.00			
－利息	32 600.00			
－维护*	32 800.00			
－租赁	92 800.00			
∑设备成本	201 800.00			
经营业绩 2	22 960.00			

* 各成本岗位的维护订单：	
饭店	18 400.00
住宿	2 100.00
菜肴	5 300.00
饮料	7 000.00
	32 800.00

1. 给出这一会计期间的企业结算表。在计算时，请使用短期损益表中的数据及以下关键数值，并将结果填入下方的企业结算表中。

根据下列关键数值可将主要间接费用分摊到各成本岗位：

	行政	餐馆	住宿	菜肴	饮料
纳税、保险(按比例)	1	5	40	10	5
能源成本(%)	1.8	4.8	30.3	57.7	5.4
人力成本(%)	80.3	19.7			
管理成本(%)	100				
折旧费(%)	5.5	14.0	50.9	28.2	1.4
利息(%)	4.9	17.8	43.9	23.0	10.4
维护	根据当前订单				
租赁(%)		10.2	33.6	43.0	13.2

根据逐步结转法进行内部经营业绩核算,先后分配上游成本岗位“管理”和“餐馆”的费用,这一过程以下列关键数值为基础:

管理	成本岗位:	餐馆	住宿	菜肴	饮料
	按比例:	1	6	3	2
餐馆	成本岗位:			菜肴	饮料
	按成本岗位当前销售收入的比例:				

2. 计算(企业结算表中)被分摊到下游成本岗位的费用总额。

企业结算表(BAB)

间接费用	上游成本岗位		最终成本岗位			总 额
	行政	餐馆	住宿	菜肴	饮料	
纳税与保险						
能源成本						
人力成本						
管理成本						
折旧费						
利息						

续表

间接费用	上游成本岗位		最终成本岗位			总　额
	行政	餐馆	住宿	菜肴	饮料	
维护						
租赁						
初级间接费用（总额）						
管理成本配额						
餐馆成本配额						
次级间接费用（总额）						
直接材料成本						
直接人力成本						
总成本						

题目 6	第 3 章

1. 在进行单位经营核算时，IT 系统的调整导致部分数据丢失。它们包含以下信息：

(1)折旧估值根据库存值分摊到各成本岗位，修理岗位的库存值与电力岗位相等。

(2)“其他费用”被平摊到各成本岗位。

(3)上游成本岗位在完成业绩时未消耗任何能量。

(4)电力岗位的维修工作占用了两小时。

请填写下列企业结算表中的灰色空格，部分数值可能为零。

2008 年 1 月企业结算表

单位：元

	上游成本岗位			最终成本岗位			总额
	水	维修	电	材料	制造	管理	
劳动力成本	100	300	50	300	700	50	
折旧费	100			100	100	100	500
租金	50	50	50	100	100		400

续表

		上游成本岗位			最终成本岗位			总额
		水	维修	电	材料	制造	管理	
其他费用								600
初级间接成本总额		350	500				300	
配额：	结算费率：							
上游成本中心：水	1 元/m^2					160		400
上游成本中心：维修		40		80		240	140	600
上游成本中心：电	100 元/MWh	10	30		50		110	400
初级和次级间接成本总额							600	

附加费	直接材料成本	制造工资	生产成本
	1 600	2 000	
附加费率（%）			

2. 在上述经营单位核算过程中，可利用设立方程组的代数分配法求得结算费率。请列出能够反映上游成本岗位“水”的绩效联系的方程。

题目 7	第 3 章

一家巴士公司的所有者预计巴士的年里程数可达200 000公里，每 100 公里消耗 50 升柴油，假设油价为 1.10 元/升，另有固定成本90 000元。

计划期限过后，这位企业家确定巴士的实际里程数为180 000公里，共消耗柴油126 000升，油价仅为 0.85 元/升，固定成本不变。

请用变动计划成本岗位核算法计算总偏差和单项偏差。

题目 8	第 3 章

金属加工厂的某个车间按照标准尺寸生产铸铁散热器。该车间利用变动计划成本岗位核算法检验成本岗位“制造”的效率，其任务是考查会计期间 7 月成本类

别“材料”(此处为耗铁量)的经济性。

您将得到以下信息：

1. 根据订单状况，该岗位计划在 7 月制造 10 只散热器，然而实际上他们根据订货要求额外多生产了 2 只散热器。

2. 在计算计划材料消耗量时，预计平均每只散热器将因为铸造和研磨损失 2 千克铸铁。还有一点也不应忽视：根据以往经验，无论最终生产了多少散热器，制造人员每月都会从熔炉中分离出重达 10 千克的熔铁残渣。

3. 铸铁的计划价格为 18 元/千克，然而 7 月份的实际价格为 19 元/千克。

4. 7 月份共消耗铸铁 586 千克。

问题：

1. 计算会计期间 7 月分摊至成本类别“材料”的计划成本和计划成本结算费率。

2. 完成成本类别“材料”的偏差分析，列出计算过程、总偏差和单项偏差。

3. 该公司根据偏差分析支付节约奖金，以鼓励制造岗位的员工节省材料。假如材料能够得到有效利用，制造团队将获得成本偏差的 80%。

请说明 7 月公司是否需要支付节约奖，如果需要请计算奖金数额。

题目 9	第 4 章

甲公司生产多种工业产品。由于间接费用比例较高，故采用作业成本法。为此须鉴别主作业“购置原材料、辅助材料和低值易耗品”(RHB)，即订购、接收和存储必需的 RHB，此外订购和存储的过程须予以记录。

下表提供了对主作业“购置 RHB”所涉及的成本岗位的概述。

成本岗位	订购	存储
主作业“购置 RHB”的分作业	订购 RHB 记录过程	接收 RHB 存储 RHB
成本岗位的初级成本和次级成本	78 000 元	70 000 元

在成本岗位“订购”，30%的工作时间被用于订购 RHB，记录所有的订购流程(不仅限于 RHB)需占用一半时间。在成本岗位“存储”，20%的工作时间被用于接收 RHB，存放 RHB 预计需要 30%的时间。

“订购 RHB”、“接收 RHB”和“存储 RHB”三大作业的成本动因是 RHB 采购；

“记录作业”的成本动因是具体记录过程。值得注意的是，每道主作业“购置 RHB”都得到了双重记录(分别在订购时和交付时)。在这段时间内，相关成本岗位共完成 500 份订单，其中“订购”记录了3 000道作业。该岗位与绩效无关的(产出无关作业)作业成本与基于绩效的(产出相关作业)作业成本之比为 1∶4，这一比例在成本岗位“存储”为 1∶5。

计算主作业“购置 RHB”中各分作业及主作业的作业成本费率。

题目 10	第 4 章

库巴那(Cubana)有限公司生产和销售雪茄。为更好地激发固定员工的潜能，库巴那实行作业成本法。该公司打算针对“处理订单”和“折叠雪茄”两大主作业进行作业成本法。这些作业的成本源于成本岗位“物流”和“制造”。下表提供了关于主作业、分作业及其以“全时间雇员(FTE)”为标准的人力资本密集度的概述。假设所有分作业均可归结于主作业。

主作业	成本岗位的分作业	
	物流	制造
处理订单 (成本动因：收到的订单数)	处理订单(0.5 FTE)	制造物流(1 FTE)
	交付雪茄(0.5 FTE)	
折叠雪茄 (成本动因：折叠作业数)	分发烟叶(1 FTE)	烟叶分类(2 FTE)
	存储雪茄(1 FTE)	折叠烟叶(6 FTE)

如下表所示，在这段时间内，与绩效无关的人力成本和基于绩效的人力成本被分摊到两个成本岗位：

成本岗位 成本	物流	制造
人力成本(总额)	12 000 元	22 000 元
产出无关作业人力成本与产出相关作业人力成本之比	1∶5	1∶10

在同一时期内，相关成本岗位共处理了 460 份订单，完成了22 400道折叠作业。FTE 的单位成本为 2 000 元。

1. 计算产出无关作业分配率。
2. 计算主作业及分作业的成本，将答案填写到相应的空格中。

<table>
<tr><th rowspan="2">主作业</th><th colspan="2">成本岗位的分作业成本</th><th rowspan="2">主作业成本</th></tr>
<tr><th>物流</th><th>制造</th></tr>
<tr><td rowspan="4">处理订单</td><td>处理订单</td><td rowspan="2">生产监督</td><td></td></tr>
<tr><td></td><td></td></tr>
<tr><td>交付雪茄</td><td></td><td></td></tr>
<tr><td></td><td></td><td></td></tr>
<tr><td rowspan="4">折叠雪茄</td><td>分发烟叶</td><td>烟叶分类</td><td></td></tr>
<tr><td></td><td></td><td></td></tr>
<tr><td>存储雪茄</td><td>折叠烟叶</td><td></td></tr>
<tr><td></td><td></td><td></td></tr>
</table>

3. 计算主作业的成本费率。

题目 11	第 5 章

一家体育用品制造商生产“标准”型和“前卫”型两种网球拍。根据下列计划数据，可利用差异化附加费计算方法求得 2007 年两种网球拍的成本。

<table>
<tr><th>网球拍类型</th><th>“标准”</th><th>“前卫”</th></tr>
<tr><td>产量和销量</td><td>1 500 只</td><td>2 000 只</td></tr>
<tr><td>售价</td><td>68 元</td><td>99 元</td></tr>
<tr><td>直接材料成本</td><td>15 元</td><td>30 元</td></tr>
<tr><td>直接制造成本</td><td>22 元</td><td>20 元</td></tr>
<tr><td>间接材料成本</td><td colspan="2">50%被分摊到直接材料成本中</td></tr>
<tr><td>间接制造成本</td><td colspan="2">75%被分摊到直接制造成本中</td></tr>
<tr><td>间接管理和销售成本</td><td colspan="2">10%被分摊到生产成本中</td></tr>
</table>

该公司于 2007 年底确认，两种球拍的产销计划均得以实现。售价、直接成本及附加费率同样符合计划数据。相反，间接材料费用达49 500元，间接制造费用为58 400元，间接管理和销售费用达39 510元，以上数据均偏离了预期目标。

1. 分别计算 2007 年单只“标准”型和“前卫”型球拍的计划成本。

2. 分别计算 2007 年单只“标准”型和“前卫”型球拍的实际成本。

题目 12	第 5 章

甲公司生产粘土。2008 年 2 月的生产成本为419 000元，管理和销售成本为90 000元。假设在生产和储存过程中发生少量材料损失，已知下列数据：

制造环节	2008 年 2 月每阶段产量	库存			2008 年 2 月每阶段生产成本
		2008 年 2 月初		2008 年 2 月末	
		数量	价值	数量	
原料开采	8 000 吨	2 000 吨	20 元/吨	1 000 吨	176 000 元
由原料加工成的粘土	9 000 吨	3 000 吨	45 元/吨	5 000 吨	173 000 元
粘土包装	7 000 吨	2 000 吨	54 元/吨	4 000 吨	70 000 元

请用多步除法和后进先出法计算 2008 年 2 月的以下数值：

2008 年 2 月开采的原料的生产成本/吨	
原料的最终库存值	
进入加工阶段的原料价值	
加工后的粘土价值/吨	
加工后的粘土的最终库存值	
进入包装阶段的加工后粘土的价值	
包装后的粘土价值/吨	
包装后粘土的最终库存值	
损失的粘土总成本	
损失的粘土的成本/吨	

题目 13	第 5 章

一家西班牙橄榄油生产商提供三种橄榄油：来自头道榨汁的高级食用油 Extra Virgen、来自其余榨汁的 Virgen 和从残渣、种子和表皮中提取的 Oliva。在过去数月中，Oliva 的销量呈下降趋势。未来公司可能采取以下方案：

1. 继续生产这三种橄榄油并将其作为主要产品；

2. 限制 Extra Virgen 和 Virgen 的产量，将 Oliva 作为副产品出售给另一位生产商。

请您根据以下信息进行相应的生产成本核算，以便为决策提供基础。

产品	从榨汁中提取的橄榄油数量	进一步加工的成本	灌装瓶数	收入(每瓶)
Extra Virgen	50 000 升油	25 000 元	50 000 瓶	5.00 元
Virgen	80 000 升油	40 000 元	80 000 瓶	3.00 元
Oliva	175 000 千克残渣	40 000 元	50 000 瓶	1.50 元

去年加工环节"榨汁"的成本为282 500元。由于生产方式的特殊性，无法按照因果关系进行成本核算，且销量波动较大，因此按三种橄榄油基于灌装瓶数可取得的收入之比分摊成本。

1. 首先请分别计算三种橄榄油的生产成本/瓶(方案 a)。

2. 假设榨汁残渣以每千克 0.36 元的价格售出(方案 b)，计算 Extra Virgen 和 Virgen 的生产成本/瓶。根据上述产量，符合交货标准的包装将产生额外成本约1 000元。

3. 请分别计算两种方案中分摊给主要产品的总成本。公司应选择哪种方案(方案 a 还是方案 b)？

题目 14	第 5 章

一群学生决定将在同学中特别受欢迎的日历手册交付排印。为吸引不同的消费群体，他们计划制作三种日历："职业"日历、"漫画"日历和"动感女性"日历。

每本日历均由 100 页年度概况组成，包括讲座时间、大学地址等信息。此外，"职业"日历还附有 56 页公司地址和联络人等，"漫画"日历附有 44 页图画，"动感女性"日历附有 20 页研讨会和著名女性人物短传。每种日历采用花纹和颜色各异的硬纸板。

学生们共定制了8 000本日历(3 000本"职业"日历、4 000本"漫画"日历和1 000本"动感女性"日历)。印刷厂将之前谈妥的总价(包括印刷和装订在内)52 380.00元(净值)登记入账。在付印前，学生们便已被告知，这份订单的生产总成本与付印稿样页数成正比。

1. 根据上述信息计算三种日历的盈亏平衡点。请将附有一般大学信息、由

100 页年度概况组成的“基本类型”日历作为标准式样。

2. 分别计算日历的每本生产成本和每种日历的总成本。

题目 15	第 5 章

计算机经销商收到一份订单，客户要求购置 50 台相同的计算机作为工作站终端，该经销商现在需要计算单台计算机的成本，以提供报价。现有以下数据：

1. 这份订单的单项材料费用(硬盘、驱动器、主板等)共计15 000元。
2. 间接材料费率为 40%。
3. 每台计算机的直接制造成本为 200 元。
4. 间接制造费用的结算须以电脑组装时间为依据。众所周知，一名技术员组装一台计算机需要 2 小时，时薪 60 元。
5. 间接管理和销售费用的附加费率为 5%。
6. 每台计算机的利润为 115 元。
7. 无现金折扣。本次交易的折扣为净售价的 5%。
8. 营业税率为 17%。

问题：

1. 首先计算单台计算机的净售价。
2. 创建计算机经销商为上述订单客户提供的报价单。请标明折扣，并列出 50 台电脑的净报价和总报价。

题目 16	第 5 章

某货运公司与某机械制造公司就三种产品的运输签订了合同。一支由 10 辆卡车组成的车队每周按特定路线运送产品，这种定期货运的单位运输收入和每周最高运量均有详细规定，货运商负责确定卡车的最优载货量。上述 10 辆卡车即该公司的全部运输工具，每辆卡车的载货面积为 25 平方米(产品的体积或数量与下面需要完成的运算无关。所有产品均是并排放置，而非相互堆叠)。

从货运公司的资料可知以下数据：

	每周最大运量(单位：件/周)	可变运输成本(单位:元/件)	运输收入(单位:元/件)
产品 A	40	3.00	5.50
产品 B	60	1.70	3.00
产品 C	54	3.60	6.00

1. 计算单位产品的贡献。

2. A、B、C 三种产品占用的载货面积互不相同。数据如下：

	占用的载货面积
产品 A	2 平方米/件
产品 B	1.25 平方米/件
产品 C	2.5 平方米/件

计算每个车队每周使贡献最大化的载货结构。一年计为 52 周。

3. 根据第 2 题中的最优载货结构计算货运公司的年利润，假设其固定成本为 7 000元/年。

题目 17	第 6 章

甲公司推出了 IT 系统的定制及安装服务，同时提供员工培训，以便向客户说明定制系统的使用方法，上述服务的目标客户群是大型工业企业和中小型贸易公司。下表列出了两大客户群及其预期销量、研发成本和安装成本。

数额(单位：元)	客户群"工业企业"		客户群"贸易公司"		
	客户 A	客户 B	客户 C	客户 D	客户 E
销售收入	270 000	340 000	67 000	82 500	36 000
研发成本	98 000	121 000	22 800	34 000	12 200
安装成本	116 000	90 800	14 100	18 200	8 000

培训在客户企业中进行。客户 A 和 B 各有特别培训小组，相关成本分别为74 000元和51 000元。另一个培训小组负责客户 C、D 和 E，总成本为48 000元。总部管理部门产生成本58 000元，管理层产生额外费用65 000元。

1. 根据与领域相关的贡献核算法计算贡献Ⅰ～Ⅲ及预期总绩效。

2. 提出一种可以改善绩效的方案。

3. 客户 A 要求该公司给目前商定的服务费用打八折，并愿意在此基础上提交另一笔价值144 000元的订单。据估计，这将产生额外费用62 000元。请问该公司是否应当接受这笔额外的订单？

题目 18	第 7 章

Chic Bijou 公司生产并通过专卖店出售风格独特的流行饰品，该饰品花色繁多，故公司仅提供 A、B、C 三个品种。现需计算 12 月的短期经营业绩。已知数据如下：

首饰	A	B	C
产量(单位:件)	1 000	2 000	3 000
库存变化(单位:件)	−200	+400	0
生产成本(单位:元/件)	20	16	15
售价(单位:元/件)	30	25	21
间接管理/销售成本(单位:元)	4 000	9 600	23 800

利用总成本法及以下账户计算 2007 年 12 月的经营业绩。库存变化算作生产成本，假设 2007 年的单件生产成本一直保持稳定。

成本	经营业绩账户	收入

题目 19	第 7 章

一位画家独自经营颜料生意，其唯一产品是自行开发的混合颜料。2007 年 7 月 1 日，仓库中仍存放着上个月生产的 300 桶颜料。据估计，当年生产成本一直稳定在 50 元/桶。2007 年 7 月，1 500桶颜料以 60 元/桶的价格售出，该月总成本为 67 500元。当年的每月产量稳定在1 200桶。

1. 用两阶段除法计算 2007 年 7 月每桶颜料的成本。
2. 用销售成本法及以下账户计算 2007 年 7 月的期间业绩。

成本	经营业绩账户	收入

题目 20	全书

判断下列说法是否正确。

	正确	错误
1. 在库存彻底出清时，每期采用的不同综合评估法（后进先出、先进先出、高入先出、平均法）对经营业绩不会造成任何影响。	☐	☐
2. 基于企业成本得出的利润加成，可用于支付和业绩无关的管理人员薪酬。	☐	☐
3. 在等价系数核算过程中，不同品种的生产成本分配以各成本岗位的产量为基础。	☐	☐
4. 对于产品核算而言，成本岗位核算是必不可少的。	☐	☐
5. 通过额外核算企业工资将导致计入业绩上升。	☐	☐
6. 除法尤其适用于同质产品的相关计算。	☐	☐
7. 代数分配法总是比逐步结转法更精确。	☐	☐
8. 如果产品的贡献是 0.50 元，那么单件可变成本也是 0.50 元。	☐	☐
9. 销售成本法的收入核算以产量为基础。	☐	☐
10. 经营目的相关性是财务会计中开支项目作为成本进入费用账户的一个必要条件。	☐	☐
11. 如果内部会计和外部会计均选择线性折旧法，那么年估算折旧率与年计入折旧率相等。	☐	☐
12. 计入企业结算表(BAB)的成本岗位直接费用都是成本负担者间接费用，在任何情况下都属于与企业相关的直接成本。	☐	☐
13. 次级的成本负担者间接成本可通过企业结算表结算到初级成本单位间接费用中。	☐	☐
14. 贡献核算对于只生产一种产品的企业来说是有意义的。	☐	☐
15. 对于最终成本岗位来说，以上游成本岗位接收的业绩是次级的间接费用。	☐	☐

续表

	正确	错误
16. 在作业成本法中，成本负担者间接费用按问责原则分摊到企业结算表中的成本岗位。	□	□
17. 在机时费率核算中，如果空转时间和辅助时间均为零，那么使用时间等于负载时间。	□	□
18. 在盈亏平衡点，贡献正好等于固定成本。	□	□
19. 销售成本核算的一个缺点是，半成品和成品存量的登记和评估必须通过盘点进行。	□	□
20. 完全成本核算的一个优点是，可根据因果关系按比例分配间接费用。	□	□
21. 为计算企业结算表中的初级间接费用，可根据应变原则，利用结算费率将间接费用分摊到后续成本岗位，从而完成成本岗位间接费用的分配。	□	□
22. 目标成本法可从各利润中心的计划成本推出产品的目标价格。	□	□
23. 在作业成本法中，销售作业的成本基本上是与基于销售的生产成本同比增长的。	□	□
24. 只有在制造成本的核算过程中，机时费率计算才会偏离附加费计算。	□	□
25. 在充分就业情况下的定价决策应时刻考虑落选方案的贡献。	□	□
26. 经济增加值(EVA)是一种绩效值，鉴于资产负债表政策，可以内部数据为基础计算，并用它来代替通过外部计算得出的业绩。	□	□
27. 根据经验曲线理念，动态规模效应的产生以产品总量为基础。	□	□
28. 间接费用价值分析是一种以预算输入为导向的方法。	□	□
29. 当企业遭遇生存危机时，可在紧急情况下采用零基预算。	□	□
30. 生命周期成本核算表示产品在上市前就能产生绩效。	□	□

答案部分

题目答案:1	第1章

1. 为避免亏损，盈利至少应为零，或者说收支必须相抵。必须满足：

收入＝成本

可据此计算必需销售额(又名盈亏平衡量)，过程如下：

价格×数量＝固定成本＋可变单位成本×数量

(价格－可变单位成本)×数量＝固定成本

数量=固定成本:(价格一可变单位成本)

=(112 500元+28 000元+24 500元+30 000元) ÷ (135 元/小时一2 元/小时一3 元/小时)

=195 000元 ÷ 130 元/小时

=1 500小时

2. 计算结果图示

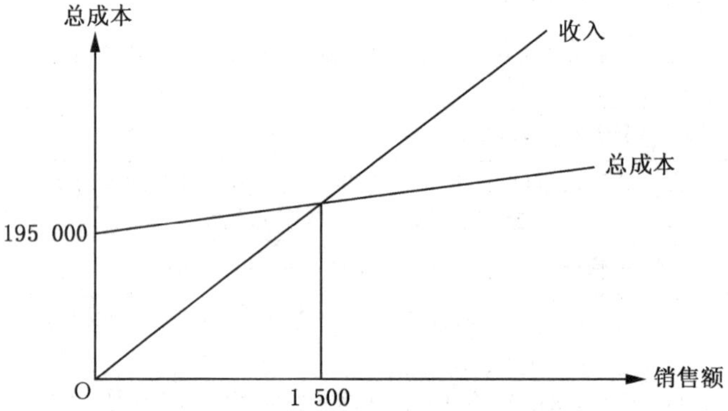

3. 计算两套决策方案的相关收入和成本,并选择其中一套方案。

一套方案的相关收入和成本是指那些仅在决策实施过程中发生的费用,企业应基于相关收入与成本之差即贡献作出决定,贡献更高的方案也更有利。

方案 1: 继续生产	
相关收入:	1 800 小时× 135 元/小时= 24 3000 元
相关成本:	1 800 小时×5 元/小时 = 9 000 元
贡献:	243 000 元一9 000 元=234 000 元

方案 2: 生产新产品,出售旧产品	
相关收入:	60 000 元 + 180 000 元 = 240 000 元
相关成本:	4 000 元
贡献:	240 000 元一4 000 元=236 000 元

方案 2 的贡献较高,因此生产新产品并出售旧产品的决策更具经济性。

题目答案:2	第 1、第 2 章

根据附加信息可得企业核算工资：

4 500元×12 =54 000(元)

从会计业绩出发，除去各项营业外收入和支出项目，根据相关的用途开支结算另类成本，然后扣除额外成本，最终可得核算业绩：

	会计利润	17 000 元
−	退税	23 000 元
+	投机亏损	45 000 元
+	特殊开支	12 000 元
+	利息费	20 000 元
−	核算利息	30 000 元
+	会计折旧	54 000 元
−	核算折旧	60 000 元
−	企业核算工资	54 000 元
=	核算亏损	-19 000 元

或可从收入中扣除所有成本，如下表所示：

	销售收入	230 000 元
−	材料成本	40 000 元
−	人力成本	65 000 元
−	企业核算工资	54 000 元
−	核算利息	30 000 元
−	核算折旧	60 000 元
=	核算亏损	-19 000 元

题目答案:3	第1、第2章

共消耗价值10 000元的制造材料,内外部会计之间不存在评估差异。	A D
核算企业工资4 000元。	C
支付上一年度的营业税补足款8 000元。	E
本月企业产生电费600元。	A D
记入公司汽车折旧费2 500元,核算折旧费3 000元。	D B
核算业主妻子贡献的义务劳动2 500元。	C
向公益组织捐款1 000元。	E
向建筑工人支付劳动工资72 000元。	A D
鉴于投机亏损计入某一金融资产的折旧费4 000元。	E
公司办公地点位于业主夫妇很久之前放弃使用的别墅内,同等水平的办公楼租金为1 500元。	C

题目答案:4	第2章

1. 用直线法计算2007年的核算折旧

(重置价值－残值):使用年限 =513 000元: 6=85 500元

2. 计算2007年的核算利息

为计算运营必需资产价值,还需在会计剩余账面净值的基础上确定平均相关固定资产。2007年底,平均相关固定资产的价值为245 000元。由于损益表的折旧费正好与有形固定资产相关,可据此计算上一年的数值。

平均相关固定资产:	
(剩余账面价值2006 +剩余账面价值2007):2=	
[(245 000元 + 105 000元) + 245 000元]:2=	297 500元
+平均相关流动资产	300 000元
=运营必需资产	597 500元
－零息资本	100 000元
=运营必需资本	497 500元

核算利息=运营必需资本×利率

=497 500 元×5%

=24 875 元

3. 其他核算费用

风险成本:1 000元×12 = 12 000元

核算工资估值:84 000元

4. 计算核算盈利或亏损

酒店中的证券销售收入和利息收入属于非经营性收入,因此不会产生任何核算相关收入。补缴税款与期间无关,因此不是成本,可根据利息成本和固定资产折旧计算各个核算值。

销售收入	899 500 元
销售成本	247 000 元
人力成本	390 000 元
核算折旧	85 500 元
广告费用	44 000 元
其他费用	29 900 元
风险成本	12 000 元
营业税	27 800 元
核算利息	24 875 元
企业核算工资	84 000 元
核算估值	-45 575 元

题目答案:5	第 3 章

企业结算表(BAB)						
间接费用	上游成本岗位		最终成本岗位			总　额
	管理	餐馆	住宿	菜肴	饮料	
纳税与保险	400.00	2 000.00	16 000.00	4 000.00	2 000.00	24 400.00
能源成本	1 078.92	2 877.12	18 161.82	34 585.38	3 236.76	59 940.00
人力成本	96 360.00	23 640.00				120 000.00
管理成本	101 200.00					101 200.00

续表

企业结算表(BAB)						
间接费用	上游成本岗位		最终成本岗位			总 额
	管理	餐馆	住宿	菜肴	饮料	
折旧费	2 398.00	6 104.00	22 192.40	12 295.20	610.40	43 600.00
利息	1 597.40	5 802.80	14 311.40	7 498.00	3 390.40	32 600.00
维护		18 400.00	2 100.00	5 300.00	7 000.00	32 800.00
租赁		9 465.60	31 180.80	39 904.00	12 249.60	92 800.00
初级间接费用(总额Ⅰ)	203 034.32	68 289.52	103 946.42	103 582.58	28 487.16	507 340.00
管理成本配额		16 919.53	101 517.16	50 758.58	33 839.05	203034.32
饭店成本配额				60 083.30	25 125.75	85 209.05
次级间接费用(总额Ⅱ)	0.00	0.00	205 463.58	214 424.46	87 451.96	507 340.00
直接材料成本			216 800.00	76 200.00	293 000.00	
直接人力成本		62 600.00	205 000.00	37 400.00	305 000.00	
总成本		268 063.58	636 224.46	201 051.961	105 340.00	
具体措施:按比例分配销售领域“餐馆”的成本	餐馆销售总收入:620 565.00 + 259 509.00= 880 074.00 菜肴比例:620 565.00×100÷880 074.00×100%≈ 70.515% 饮料比例:259 509.00×100÷880 074.00×100%≈ 29.487%					(以上计算可得到精确结果)

题目答案:6	第 3 章

1. 将企业结算表填写完整

大多数缺失值可通过已知数据推算出来。值得注意的是,一个上游成本岗位的初级间接费用加上它所获得的分摊款项始终等于该中心输出的分摊款项之和(输入=输出)。此外,所有成本岗位的初级间接费用总额总是等于其初级间接费用与次级间接费用之和。

2008 年 1 月企业结算表

单位:元

	上游成本岗位			最终成本岗位			总额
	水	维修	电	材料	制造	管理	
劳动力成本	100	300	50	300	700	50	1 500
折旧费	100	50	50	100	100	100	500

续表

		上游成本岗位			最终成本岗位			总额
		水	维修	电	材料	制造	管理	
租金		50	50	50	100	100	50	400
其他费用		100	100	100	100	100	100	600
初级间接成本总额		350	500	250	600	1 000	300	3 000
配额：	结算费率：							
上游成本岗位:水	1 元/平方米	0	70	70	50	160	50	400
上游成本岗位:维修		40	0	80	100	240	140	600
上游成本岗位:电	100 元/兆瓦	10	30	0	50	200	110	400
初级和次级间接费用总额		0	0	0	800	1 600	600	3 000

附加费	直接材料成本	制造工资	生产成本
	1 600	2 000	6 000
附加费率（%）（普遍适用：附加费率＝间接费用/附加费基数×100）	50	80	10

2. 代数分配法:能够反映上游成本岗位“水”的绩效联系方程

方程形式如下：

成本岗位的初级间接费用	+	从其他成本岗位获得的绩效所产生的次级费用	=	输出至其他成本岗位的绩效所产生的次级费用
数据来自企业结算表,单位:元		分别计算:从其他成本岗位获得的绩效单位数量×单位结算费率(元)		输出的绩效单位数量×单位结算费率(元)

从其他成本岗位获得的绩效单位(LE)数量及输出数量需逆向推导。

从成本岗位“维修”获得的绩效单位：40 元：1 元/h ＝ 40h

从成本岗位“电力”获得的绩效单位：10 元：100 元/MWh＝0.1MWh

从输出至其他成本岗位的绩效单位：400 元：1 元/m^3＝400m^3

因此方程如下：

350 元＋1K_r＋0.1K_s＝400K_w

题目答案：7	第 3 章

必需数据汇总：			
$BG^P=200\ 000km$	p^P＝1.10 元/升	u^P/公里＝50 升/100 公里＝0.5 升/公里	K_F^P＝90 000.00 元
$BG^I=180\ 000km$	p^I＝0.85 元/升	u^I＝126 000 升	K_F^I＝90 000.00 元

$K^P=K_F^P+K_V^P=K_K^P+u^P/km\cdot BG^P\cdot p^P$

＝90 000.00 元＋0.5 升/公里×20 000 公里×1.10 升

＝90 000.00 元＋100 000 升×1.10 元/升

＝90 000.00 元＋110 000.00 元

＝200 000.00 元

$$K^S(BG^I)=K_F^P+\frac{K_V^P}{BG^P}\times BG^I$$

＝90 000＋110 000/200 000×180 000

＝189 000

$$K^{VER}(BG^I)=\frac{K^P}{BG^P}\times BG^I$$

＝200 000/200 000×180 000

＝180 000

$K^I=K_F^I+u^I\cdot p^I$

＝90 000.00 元＋126 000 升×0.85 元/升

＝90 000.00 元＋107 100 元

＝197 100.00 元

$K^{IP}=K_F^I+u^I\times p^P$

＝90 000.00 元＋126 000 升×1.10 元/升

＝ 90 000.00 元＋107 100 元

＝ 228 600. 00 元

偏差计算：

总偏差(GA)$=K^{I}-K^{VER}$

$=$197 100.00 元$-$180 000.00 元

$=$17 100.00 元

价格偏差(PA)$=K^{I}-K^{IP}=$197 100.00 元$-$228 600.00 元

$=-$31 500.00 元

消耗偏差(VA) $= K^{IP}-K^{S}=$228 600.00 元$-$189 000.00 元

$=$39 600.00 元

经营偏差(BA)$=K^{S}-K^{VER}$

$=$ 189 000.00 元$-$180 000.00 元

$=$ 9 000.00 元

检验:

$GA = BA+VA+PA$

$=$9 000.00 元$+$39 600.00 元$-$31 500.00 元

$=$17 100.00 元

题目答案:8	第 3 章

1. 计算成本类型“材料”的计划成本和计划成本结算费率

$BG^{P}=10$ 只散热器

$U_F^P=10$ 千克

$U_V^P=$ (47 千克$+$2 千克)$\times 10=$ 490 千克

$U^P=U_F^P+U_V^P=$10 千克$+$490 千克$=$500 千克

计划成本$=K^P=$500 千克$\times$18 元/千克$=$9 000(元)

计划成本结算费率$=K^P/BG^P=$900 元

2. 成本类型“材料”的偏差分析

$BG^I=$ 12 只散热器

$$K^S(BG^I)=K_F^P\times P^P+\frac{U_V^P\times P^P}{BG^P}\times BG^I$$

$$=10\times 18+\frac{490\times 18}{10}\times 12$$

$$=10\ 764(\text{元})$$

$$K^{VER}(BG^I)=\frac{U^PP^P}{BG^P}\times BG^I$$

$$=\frac{500\times 18}{10}\times 12$$

$=10\ 800$(元)

$U^I = 586$ 千克

$K^I = 586$ 千克×19 元/千克=11 134 元

$K^{IP} = 586$ 千克×18 元/千克=10 548 元

总偏差$(GA) = K^I - K^{VER}$

=11 134 元－10 800 元

=334(元)

价格偏差$(PA) = K^I - K^{IP}$

=11 134 元－10 548 元

=586 元

消耗偏差$(VA) = K^{IP} - K^S$

=10 548 元－10 764 元

=－216 元

经营偏差$(BA) = K^S - K^{VER}$

=10 764 元－10 800 元

=－36 元

验证：

$GA = PA + VA + BA$

=586 元－216 元－36 元

=334 元

3. 公司是否需要支付节约奖金，假如需要应支付多少？

消耗偏差前的负号表明，实际材料消耗量低于预期，即材料得到了有效的利用。需支付奖金数额如下：

216 元×80%=172.80(元)

题目答案：9	第 4 章

成本岗位	订购	存储
产出无关作业业成本与产出相关作业成本之比	1∶4	1∶5
产出无关作业配额	1∶4×100×100%=25%	1∶5 × 100×100%=20%
乘数（产出相关作业和产出无关作业）	1+0.25=1.25	1+0.20=1.20

主作业"购置 RHB"					
分作业（TP）	计算过程	流程成本费率(产出相关作业)	流程成本费率(总额)（TP）	流程效率	流程成本费率(总额)（HP）
订购 RHB:	(78 000.00 元 × 0.3) ∶ 500 ＝46.90 元 ×1.25 ＝	46.80 元	58.50 元	1	58.50 元
记录过程:	(78 000.00 元 × 0.5) ∶3 000＝ 13.00 元×1.25 ＝	13.00 元	16.25 元	2	32.50 元
接收 RHB:	(70 000.00 元 × 0.2)∶500＝ 28.00 元 × 1.20 ＝	28.00 元	33.60 元	1	33.60 元
存储 RHB:	(70000.00 元 × 0.3)∶500 ＝ 42.0 元 × 1.20 ＝	42.00 元	50.40 元	1	50.40 元
HP 成本费率(总额,单位:元) / 购置次数:					175.00 元

题目答案:10	第 4 章

1. 计算产出无关作业配额

成本岗位	物流	制造
产出无关作业人力成本与产出相关作业人力成本之比	1∶5	1∶10
产出无关作业配额	1∶5×100＝20%	1∶10×100＝10%
乘数（产出相关作业和产出无关作业）	1＋0.2＝1.2	1＋0.1＝1.1

2. 计算作业及分作业的成本

<table>
<tr><th rowspan="2">作业</th><th colspan="2">成本岗位的分作业成本</th><th rowspan="2">作业成本</th></tr>
<tr><th>物流</th><th>制造</th></tr>
<tr><td rowspan="4">处理订单</td><td>处理订单</td><td rowspan="2">生产监督</td><td rowspan="4">1 200 元
+1 200 元
+2 200 元
=4 600 元</td></tr>
<tr><td>0.5 × 2 000 × 1.2 ＝ 1 200（元）</td></tr>
<tr><td>交付雪茄</td><td rowspan="2">1 × 2 000 × 1.1 ＝ 2 200（元）</td></tr>
<tr><td>0.5 × 2 000 × 1.2 ＝ 1 200（元）</td></tr>
</table>

续表

作业	成本岗位的分作业成本		作业成本
	物流	制造	
折叠雪茄	分发烟叶	烟叶分类	2 400 元
	1 × 2 000 × 1.2 = 2 400（元）	2 × 2 000 × 1.1 = 4 400（元）	+2 400 元
	存储雪茄	折叠烟叶	+4 400 元
	1 × 2 000 × 1.2 = 2 400（元）	6 × 2 000 × 1.1 = 13 200（元）	+13 200 元 =22 400 元

3. 计算专业的成本费率

处理订单：	4 600 元：460 份订单 = 10 元/订单数
折叠雪茄：	22 400 元：22 400 道折叠作业 = 1 元/作业数

题目答案:11	第 5 章

1. 计算单位产品核算成本

预核算 单位：元	网球拍类型	
	“标准”	“前卫”
直接材料费用	15.00	30.00
间接材料费用（直接材料费用×50 %）	7.50	15.00
直接制造费用	22.00	20.00
间接制造费用（直接制造费用×75 %）	16.50	15.00
生产成本	61.00	80.00
间接管理和销售费用（生产成本×10%）	6.10	8.00
成本/只	67.10	88.00

2. 计算实际单位成本

首先须计算新的间接费用附加费率：

间接材料费用附加费率 =
间接材料费用 ：直接材料费用 × 100 =
49 500元：[(15 元/小时 × 1 500 小时) + (30 元/小时 × 2 000 小时)]× 100 =
49 500元：(22 500 元 + 60 000 元) × 100 =
49 500元：82 500 元 × 100 = 60 %

间接制造费用附加费率 =
间接制造费用：直接制造费用 × 100 =
58 400元：[(22 元/小时 × 1 500 小时) + (20 元/小时 × 2 000 小时)]× 100=
58 400元：(33 000元 + 40 000元) ×100 =
58 400元：73 000元 × 100 = 80 %

间接管理和销售费用附加费率=
间接管理和销售费用：直接管理和销售费用 × 100
39 510元：(49 500元 + 82 500元 + 58 400元 + 73 000元) =
39 510元：263 400元 × 100 = 15 %

后期计算 单位：元	网球拍类型	
	“标准”	“前卫”
直接材料费用	15.00	30.00
间接材料费用（直接材料费用×60 %）	9.00	18.00
直接制造费用	7.50	15.00
间接制造费用（直接制造费用×80 %）	17.60	16.00
生产成本	63.60	84.00
间接管理和销售费用（生产成本×15%）	9.54	12.60
成本/只	73.14	96.60

题目答案:12	第 5 章

2008 年 2 月开采的原料的生产成本/吨	176 000 元 : 8 000 吨= 22 元/吨
原料的最终库存值	1 000 吨 × 20 元/吨 = 20 000 元
进入加工阶段的原料价值	(8 000 吨 × 22 元/吨) + 20 000 元 = 196 000 元
加工后的粘土价值/吨	(196 000 元+173 000 元) : 9 000 吨 = 41 元/吨
加工后的粘土的最终库存值	(3 000 吨 × 45 元/吨) + (2 000 吨 × 41 元/吨) = 217 000 元
进入包装阶段的加工后粘土的价值	7 000 吨 × 41 元/吨 = 287 000 元
包装后的粘土价值/吨	(287 000 元 + 70 000 元) : 7 000 吨 = 51 元/吨
包装后粘土的最终库存值	(2 000 吨 × 54 元/吨) + (2 000 吨 × 51 元/吨) = 210 000 元
损失的粘土总成本	5 000 吨 × 51 元/吨 = 255 000 元
损失的粘土的成本/吨	(255 000 元 + 90 000 元) : 5 000 吨 = 69 元/吨

题目答案:13	第 5 章

1. 基于成本分配法的联合核算。

计算销量 单位:瓶		
Extra Virgen	50 000 瓶 × 5.00 元/瓶 =	250 000 元
Virgen	80 000 瓶 × 3.00 元/瓶 =	240 000 元
Oliva	50 000 瓶 × 1.50 元/瓶 =	75 000 元
总额		565 000 元

按比例计算榨汁成本/瓶				
产品	总成本除以销售比=某一品种的摊派成本		换算为单位成本	
Extra Virgen	282 500 元 ×250 000 元 : 565 000 元=	125 000 元	125 000 元 : 50 000 瓶=	2.50 元/瓶
Virgen	282 500 元 × 240 000 元 : 565 000 元 =	120 000 元	120 000 元 : 80 000 瓶=	1.50 元/瓶

续表

按比例计算榨汁成本/瓶				
产品	总成本除以销售比＝某一品种的摊派成本		换算为单位成本	
Oliva	282 500 元 × 75 000 元 ∶565 000 元 ＝	37 500 元	37 500 元∶ 50 000 瓶．＝	0.75 元/瓶

计算生产成本/瓶			
产品	按比例分摊的榨汁成本	进一步加工的成本	生产成本
Extra Virgen	2.50 元/瓶	0.50 元/瓶	3.00 元/瓶
Virgen	1.50 元/瓶	0.50 元/瓶	2.00 元/瓶
Oliva	0.75 元/瓶	0.80 元/瓶	1.55 元/瓶

1. 基于剩余价值法和成本摊派法的联合核算

核算联合成本的净值		
副产品的毛利润：	175 000 千克 × 0.36 元/千克 －1 000 元	62 000 元
净值：$K_P - DB_{NP}$ ＝	282 500 元－62 000 元 ＝	220 500 元

主要产品的销售收入	
Extra Virgen	250 000 元
Virgen	240 000 元
总额	490 000 元

按比例计算榨汁成本/瓶				
产品	总成本除以销售比＝某一品种的摊派成本		换算为单位成本	
Extra Virgen	220 500 元 × 250 000 元 ∶490 000 元 ＝	112 500 元	112 500 元∶ 50 000 瓶 ＝	2.25 元/瓶
Virgen	220 500 元 × 240 000 元 ∶490 000 元 ＝	108 000 元	108 000 元∶ 80 000 瓶＝	1.35 元/瓶

计算生产成本/瓶			
产品	按比例分摊的榨汁成本	进一步加工的成本	生产成本
Extra Virgen	2.25 元/瓶	0.50 元/瓶	2.75 元/瓶
Virgen	1.35 元/瓶	0.50 元/瓶	1.85 元/瓶

2．上述两种方案中主要产品的销售收入和成本

方案	主要产品的销售收入	分摊给主要产品的成本	利润
a) 3 种主要产品	565 000 元	282 500 元 ＋ 25 000 元 ＋ 40 000 元＋ 40 000 元＝387 500 元	177 500 元
b) 2 种主要产品，残渣作为副产品	490 000 元	220 500 元 ＋ 25 000 元 ＋ 40 000 元 ＝ 285 500 元	204 500 元

应选择利润更高的方案 b。

题目答案:14	第 5 章

1. 利用 100 页的"基本类型"日历计算等值系数。

种类	页数	等值系数（ÄZ）
基本类型	100	1
"事业"日历	156	1.56
"漫画"日历	144	1.44
"动感女性"日历	120	1.2

2. 计算各类日历的成本

日历类型	数量	等值系数	等值数量单位	单位成本	成本（按类型划分）
"事业"日历	3 000 本	1.56	4 680 本	4.50 元/本×1.56 ＝ 7.02 元/本	21 060.00 元
"漫画"日历	4 000 本	1.44	5 760 本	4.50 元/本 × 1.44 ＝ 6.48 元/本	25 920.00 元
"动感女性"日历	1 000 本	1.2	1 200 本	4.50 元/本 × 1.2 ＝ 5.40 元/本	5 400.00 元
			11 640 本		52 380.00元
成本/等值数量单位（ÄME）：					
52 380 元∶11 640 本 ＝ 4.50 元/本					

题目答案:15	第 5 章

1. 计算单台计算机的净售价

制造材料		3 000.00 元	
间接材料费用	直接制造费×40%	1 200.00 元	
材料费用			4 200.00 元
直接制造费用		200.00 元	
间接制造费用	2 小时 × 60 元/小时	120.00 元	
制造费用			4 520.00 元

生产成本		4 520.00 元
管理和销售费用	生产成本 × 5%	226 元
成本		4 746.00 元
利润		115 元
现金售价 (BVP)		4 861 元
折扣 (5%)	(BVP/95) × 5	256 元
净售价		5 117 元

2. 经销商提供的报价

50 台计算机×净值 5 117 元		255 850.00 元
折扣	5%	12 793 元
净报价		243 057 元
营业税	17%	41 320 元
总报价		201 737 元

检验:在向财税部门缴纳营业税之后,经销商从出售 50 台计算机这笔交易中共获得了201 737元,这意味着每台计算机售价 4 035 元。因此经销商实现预期利润 115 元/台。

题目答案:16	第 5 章

1. 计算每个品种的单位贡献(db)

	产品 A	产品 B	产品 C
$db = p - k_v$	5.50 元－3.00 元＝2.50 元	3.00 元－1.70 元＝1.30 元	6.0 元－3.60 元＝2.40 元

2. 计算每个车队每周使贡献最大化的载货结构。

	产品 A	产品 B	产品 C
瓶颈	每周:10 辆卡车×25 平方米＝ 250 平方米		
单位瓶颈	2.50 元∶2 平方米＝ 1.25 元/平方米	1.30 元 ∶ 1.25 平方米＝ 1.04 元/平方米	2.40 元 ∶ 2.5 平方米＝ 0.96 元/平方米
顺序	1	2	3

最优运量	(最大值) 40 件	(最大值) 60 件	(95 平方米∶2.5 平方米/件) 38 件
载货面积利用状况	40 × 2 平方米＝ 80 平方米 余下:170 平方米	60 × 1.25 平方米＝ 75 平方米 余下:95 平方米	试验:38 小时× 2.5 平方米＝ 95 平方米

3. 假设年固定成本为7 000元,计算车队的年利润。

贡献/周:

40 件× 2.50 元/件＋ 60 件×1.30 元/件＋38 件×2.40 元/件＝269.20 元

贡献/年:

269.20 元×52 周＝13 998.40元

利润:

贡献－固定成本 ＝13 998.40元－7 000.00元＝6 998.40元

题目答案:17	第 6 章

1. 计算贡献Ⅰ～Ⅲ

根据可直接归入各位客户及各个客户群体的成本,可对贡献Ⅰ～Ⅲ进行排序。所有研发和安装费用均可直接归入各位客户,由此可得贡献Ⅰ。

贡献Ⅰ		
客户A：	270 000元－98 000元－116 000元＝	56 000元
客户B：	340 000元－121 000元－90 800元＝	128 200元
客户C：	67 000元－22 800元－14 100元＝	30 100元
客户D：	82 500元－34 000元－18 200元＝	30 300元
客户E：	36 000元－12 200元－8 000元＝	15 800元

下一步将涉及培训费用，它们可直接归入客户A与客户B，由此可得贡献Ⅱ。

贡献Ⅱ		
客户A：	56 000元－74 000元＝	－18 000元
客户B：	128 200元－51 000元＝	77 200元
客户C、D、E：	30 100元＋30 300元＋15 800元－48 000元＝	28 200元

关键客户经理可直接归入客户群“工业”，由此可得贡献Ⅲ。

贡献Ⅲ		
客户群“工业”：	－18 000元＋77 200元－43 000元＝	16 200元
客户群“贸易”：	与客户C、D、E的贡献Ⅱ相等	28 200元

根据客户群的贡献III及其他成本（总部管理部门和管理层所产生的费用）可计算整个企业的利润：

企业利润：	
16 200元＋28 200元－58 000元－65 000元＝	－78 600元

2. 提出一种可以改善业绩的方案

客户A的订单不能带来经济效益。假如公司未接受这笔订单，业绩总额为

－60 600元，与原来相比上升18 000元。

3. 评价客户 A 的新订单

若是给目前为止客户 A 订购的服务价格打八折，计算可得：

270 000 元×0.8＝216 000 元；这意味着公司收入将减少 54 000 元。

客户 A 的额外订单的贡献：

144 000 元－62 000 元＝82 000 元；这意味着公司收入将上升 82 000 元。

因此，总体而言公司收入将上升 28 000 元，这意味着亏损可减少至 50 600 元。

现在，客户 A 的最初订单与额外订单相结合可产生经济效益。从带正号的贡献Ⅱ的新值（见下文）上也可看出这一点。因此，公司应当接受这两笔订单。

客户 A 订单的贡献（贡献Ⅱ）：

迄今为止收到的订单：	216 000 元－98 000 元－116 000 元＝	－72 000 元
额外订单：	144 000 元－62 000 元＝	82 000 元
贡献Ⅱ客户 A（新）		10 000 元

题目答案：18	第 7 章

经营业绩账户

成本		**收入**	
生产成本：		销售收入：	
A：1 000 件×20 元/件＝ 20 000 元		A：1 200 件×30 元/件 ＝ 36 000 元	
B：2 000 件×16 元/件＝ 32 000 元		B：1 600 件×25 元/件＝ 40 000 元	
C：3 000 件×15 元/件＝ 45 000 元	97 000 元	C：3 000 件×21 元/件＝ 63 000 元	
			139 000 元
库存减少：		库存增加：	
A：200 件×20 元/件＝	4 000 元	B：400 件×16 元/件＝	6 400 元
间接管理和销售费用：			
4 000 元 ＋ 9 600 元 ＋ 23 800 元 ＝	37400 元		
利润	7000 元		
	145 400 元		145 400 元

题目答案:19	第 7 章

1. 用两阶段除法计算每桶颜料的成本

总成本:	67 500 元
其中的生产成本:1 200 件× 50 元/件=	60 000 元
⇒管理 & 销售成本:	7 500 元

单位成本:

k=50 元+(7 500 元 ∶ 1 500 件)=55 元/件

2. 根据销售成本法计算 2007 年的期间业绩。

成本	经营业绩账户		收入
销售成本: 生产成本: 1 500 × 50 元 = 75 000 元 间接管理和销售费用		收入:	
7 500 元	82 500 元	1 500 件× 60 元/件	90 000 元
利润	7 500 元		
	90 000 元		90 000 元

题目答案:20	全书

	正确	错误
1. 在库存彻底出清时,每期采用的不同综合评估法(后进先出、先进先出、高入先出、平均法)对经营业绩不会造成任何影响。	√	
2. 基于企业成本得出的利润加成,可用于支付和业绩无关的管理人员薪酬。		√
3. 在等价系数核算过程中,不同品种的生产成本分配以各成本岗位的产量为基础。		√
4. 对于产品核算而言,成本岗位核算是必不可少的。		√
5. 通过额外核算企业工资将导致计入业绩上升。		√
6. 除法尤其适用于同质产品的相关计算。	√	
7. 代数分配法总是比逐步结转法更精确。		√
8. 如果产品的贡献是 0.50 元,那么单件可变成本也是 0.50 元。		√

	正确	错误
9. 销售成本法的收入核算以产量为基础。		√
10. 经营目的相关性是财务会计中开支项目作为成本进入费用账户的一个必要条件。	√	
11. 如果内部会计和外部会计均选择线性折旧法，那么年估算折旧率与年计入折旧率相等。		√
12. 计入企业结算表(BAB)的成本岗位直接费用都是成本负担者间接费用，在任何情况下都属于与企业相关的直接成本。	√	
13. 次级的成本负担者间接成本可通过企业结算表结算到初级成本单位间接费用中。		√
14. 贡献核算对于只生产一种产品的企业来说是有意义的。	√	
15. 对于最终成本岗位来说，从上游成本岗位接收的业绩是次级的间接费用。	√	
16. 在作业成本法中，成本负担者间接费用按问责原则分摊到企业结算表中的成本岗位。		√
17. 在机时费率核算中，如果空转时间和辅助时间均为零，那么使用时间等于负载时间。	√	
18. 在盈亏平衡点，贡献正好等于固定成本。	√	
19. 销售成本核算的一个缺点是，半成品和成品存量的登记和评估必须通过盘点进行。		√
20. 完全成本核算的一个优点是，可根据因果关系按比例分配间接费用。		√
21. 为计算企业结算表中的初级间接费用，可根据应变原则，利用结算费率将间接费用分摊到后续成本岗位，从而完成成本岗位间接费用的分配。		√
22. 目标成本法可从各利润中心的计划成本推出产品的目标价格。		√
23. 在作业成本法中，销售作业的成本基本上是与基于销售的生产成本同比增长的。		√
24. 只有在制造成本的核算过程中，机时费率计算才会偏离附加费计算。	√	
25. 充分就业情况下的定价决策应时刻考虑落选方案的贡献。	√	
26. 经济增加值(EVA)是一种绩效值，鉴于资产负债表政策，可以内部数据为基础计算，并用它来代替通过外部计算得出的业绩。		√
27. 根据经验曲线理念，动态规模效应的产生以产品总量为基础。	√	
28. 间接费用价值分析是一种以预算输入为导向的方法。	√	
29. 当企业遭遇生存危机时，可在紧急情况下采用零基预算。		√
30. 生命周期成本核算表示产品在上市前就能产生绩效。		√

参考文献

Brühl, R. (2004): Controlling. Grundlagen des Erfolgscontrollings, München: Oldenbourg.

Coenenberg, A. G. (1995): Einheitlichkeit oder Differenzierung von internem und externem Rechnungswesen: Die Anforderungen der internen Steuerung, in: Der Betrieb, 48. Jg., Heft 42, S. 2077-2083.

Coenenberg, A. G./Alvarez, M. (2002): Erfolgsrechnung, in: Küpper, H.-U./Wagenhofer, A. (Hg.): Handwörterbuch Unternehmensrechnung und Controlling, 4. Aufl., Stuttgart: Schäffer-Poeschel, Sp. 431-443.

Dickersbach, J./Keller, G./Weihrauch, K. (2006): Produktionsplanung und -steuerung mit SAP, 2. Aufl., Bonn: Galileo Press.

Diedrich, R. (2002): Erfolgsgrößen und Erfolgsmaße, in: Küpper, H.-U./Wagenhofer, A. (Hg.): Handwörterbuch Unternehmensrechnung und Controlling, 4. Aufl., Stuttgart: Schäffer-Poeschel, Sp. 402-411.

Eschenbach R. (2002): Controller, in: Küpper, H.-U./Wagenhofer, A. (Hg.): Handwörterbuch Unternehmensrechnung und Controlling, 4. Au fc., Stuttgart: Schäffer-Poeschel, Sp. 271-279.

Fischbach, S. (2004): Grundlagen der Kostenrechnung. Mit Prüfungsaufgaben und Lösungen, 3. Aufl., Frankfurt a. M.: Redline.

Franz, K.-P. (1992): Ansatz kalkulatorischer Kosten, in: Männel, Wolfgang (Hg.): Handbuch Kostenrechnung, Wiesbaden: Gabler, S. 423-435.

Franz, K.-P. (1993): Target Costing. Konzept und kritische Bereiche, in: Controlling, 5. Jg., Heft 3, S. 124-130.

Franz, K.-P./Kajüter, P. (2002): Kostenmanagement. Wettbewerbsvorteile durch systematische Kostensteuerung, 2. Aufl., Stuttgart: Schäffer-Poeschel.

Frese, E./Lehmann, P. (2002): Profit Center, in: Küpper, H.-U./Wagenhofer, A.

(Hg.) (2002): Handwörterbuch Unternehmensrechnung und Controlling, 4. Aufl., Stuttgart: Schäffer-Poeschel, Sp. 1540-1551.

Friedl, G./Hilz, C./Pedell, B. (2008): Controlling mit SAP, 5. Aufl., Wiesbaden: Vieweg.

Friedrich, W. (1995): Zwischenbetrieblicher Vergleich-Kennzahlen und Information aus dem Vertriebsbereich. BwZ 69, VDMA Abteilung Betriebswirtschaft, Frankfurt a. M.: o. V.

Haring, N./Prantner, R. (2005): Konvergenz des Rechnungswesens. State-of-the-Art in Deutschland und Österreich, in: Controlling, 17. Jg., Heft 3, S. 147-154.

Hax, H. (2002): Integration externer und interner Unternehmensrechnung, in: Küpper, H.-U./Wagenhofer, A. (Hg.): Handwörterbuch Unternehmensrechnung und Controlling, 4. Aufl., Stuttgart: Schäffer-Poeschel, Sp. 758-767.

Hoitsch, H.-J. (2002): Vollkostenrechnung/Teilkostenrechnung, in: Küpper, H.-U./Wagenhofer, A. (Hg.): Handwörterbuch Unternehmensrechnung und Controlling, 4. Aufl., Stuttgart: Schäffer-Poeschel, Sp. 2100-2110.

Homburg, C. (2003): Marketingmanagement: Strategie-Instrumente-Umsetzung-Unternehmensführung, Wiesbaden: Gabler.

Homburg, C./Daum, D. (2002): Marktorientiertes Kostenmanagement. Kosteneffizienz und Kundennähe verbinden, Frankfurt a. M.: FAZ.

Horváth, P. (2006): Controlling, 10. Aufl., München: Vahlen.

Horváth & Partner (Hg.) (1998): Prozesskostenmanagement. Methodik und Anwendungsfelder, 2. Aufl., München: Vahlen.

Joos-Sachse, T. (2006): Controlling, Kostenrechnung und Kostenmanagement. Grundlagen - Instrumente-Neue Ansätze, 4. Aufl., Wiesbaden: Gabler.

Kemper, H.-G./Mehanna, W./Unger, C. (2004): Business Intelligence-Grundlagen und praktische Anwendungen, Braunschweig: Vieweg.

Kilger, W. (2002): Flexible Plankostenrechnung und Deckungsbeitragsrechnung, 11. Aufl., Wiesbaden: Gabler.

Kümpel, T. (2002): Vereinheitlichung von internem und externem Rechnungswesen, in: Wirtschaftswissenschaftliches Studium, 31. Jg., Heft 6, S.

343-345.

Kruschwitz, L. (2007): Finanzierung und Investition, 5. Aufl., München: Oldenbourg.

Lange, C. (2002): Gemeinkostenmanagement, in: Küpper, H.-U./Wagenhofer, A. (Hg.): Handwörterbuch Unternehmensrechnung und Controlling, 4. Aufl., Stuttgart: Schäffer-Poeschel, Sp. 617-625.

Messerschmidt, H./Schweinsberg, K. (2003): OLAP mit dem SQL-Server. Eine Einführung in Theorie und Praxis, Heidelberg: DPunkt.

Nadig, L. (2000): Kostenrechnung als Führungsinstrument. Grundlagen, Zürich: Schulthess.

Olfert, K. (2005): Kostenrechnung (Kompendium der praktischen Betriebswirtschaft), Ludwigshafen: Kiehl.

Ossadnik, W./Leistert, O. (2002): Kostenträger, Kostenträgerrechnung, in: Küpper, H.-U./Wagenhofer, A. (Hg.): Handwörterbuch Unternehmensrechnung und Controlling, 4. Aufl., Stuttgart: Schäffer-Poeschel, Sp. 1158-1169.

Picot, A./Schuller, S. (2002): Transaktionskosten, in: Küpper, H.-U./Wagenhofer, A. (Hg.): Handwörterbuch Unternehmensrechnung und Controlling, 4. Au fl., Stuttgart: Schäffer-Poeschel, Sp. 1966-1978.

Plinke, W. (2002): Erlösstellenrechnung, in: Küpper, H.-U./Wagenhofer, A. (Hg.): Handwörterbuch Unternehmensrechnung und Controlling, 4. Au fl., Stuttgart: Schäffer-Poeschel, Sp. 462-474.

Plinke, W./Rese, M. (2006): Industrielle Kostenrechnung. Eine Einführung, 7. Aufl., Berlin: Springer.

Plötner, O./Sieben, B./Kummer, T. (2008): Kosten- und Erlöserechnung, 1. Aufl., Berlin: Springer

Rappaport, A. (1999): Shareholder Value. Ein Handbuch für Manager und Investoren, 2. Aufl., Stuttgart: Schäffer-Poeschel.

Rautenberg, G. (2002): Kostenarten, Kostenartenrechnung, in: Küpper, H.-U./Wagenhofer, A. (Hg.): Handwörterbuch Unternehmensrechnung und Controlling, 4. Aufl., Stuttgart: Schäffer-Poeschel, Sp. 1042 1051.

Riebel, P. (1994): Einzelkosten- und Deckungsbeitragsrechnung. Grundfragen einer markt- und entscheidungsorientierten Unternehmensrechnung, 7.

Au fl., Wiesbaden: Gabler.

Sakurai, M. (1997): Integratives Kostenmanagement. Stand und Entwicklungstendenzen des Controlling in Japan, München: Vahlen.

Schmalen, H./Schachtner, D. (2002): Preispolitik, in: Küpper, H.-U./Wagenhofer, A. (Hg.): Handwörterbuch Unternehmensrechnung und Controlling, 4. Au fl., Stuttgart: Schäffer-Poeschel, Sp. 1497-1508.

Schweitzer, M./Küpper, H.-U. (2003): Systeme der Kosten- und Erlösrechnung, 8. Aufl., München: Vahlen.

Steger, J. (2001): Kosten- und Leistungsrechnung: Einführung in das betriebliche Rechnungswesen, 3. Au fl., München, Wien: Oldenbourg.

SRH (Sächsischer Rechnungshof) (2000): Jahresbericht 2000, http://www.sachsen.de/de/bf/verwaltung/rechnungshof/cms/jb2000/jb00.pdf (20.11.2007).

Währisch, M. (2000): Der Ansatz kalkulatorischer Kostenarten in der industriellen Praxis, in: Schmalenbachs Zeitschrift für betriebswirtschaftliche Forschung, 52. Jg., Heft 11, S. 678-694.

Weber, J. (2004): Einführung in das Controlling, 10. Aufl., Stuttgart: Schäffer- Poeschel.

Weißenberger, B. (2002): Erlösartenrechnung, in: Küpper, H.-U./Wagenhofer, A. (Hg.): Handwörterbuch Unternehmensrechnung und Controlling, 4. Aufl., Stuttgart: Schäffer-Poeschel, Sp. 444-453.

Zentes, J. (2002): Preisgrenzen, in: Küpper, H.-U./Wagenhofer, A. (Hg.): Handwörterbuch Unternehmensrechnung und Controlling, 4. Aufl., Stuttgart: Schäffer-Poeschel, Sp. 1488-1497.

财政部等(2008):企业内部控制基本规范.

银监会(2007):商业银行内部控制指引.

证监会(2008):证券公司内部控制指引.

深圳证券交易所(2007):深圳证券交易所上市公司内部控制指引.

上海证券交易所:上海证券交易所上市公司内部控制指引.

全国人大常委会(1999):中华人民共和国会计法.

作者简介

Dr. Plötner Olaf
Associate Dean of ESMT Executive Education
Visiting Professor Darden Graduate School of Business, University of Virginia, Charlottesville, Virgina, USA
olaf. ploetner@esmt. org
奥拉夫・普罗特纳博士
欧洲 ESMT 商学院副主任,主管高级经理人培训
美国弗吉尼亚大学代顿商学院客座教授

Prof. Dr. Sieben, Barbara
Junior Professor for Human Resource Management
Free University Berlin
Department of Economics and Management
barbara. sieben@fu-berlin. de
芭芭拉・西本博士、教授
德国柏林自由大学经济管理学院人力资源管理副教授

Dr. Kummer, Tyge-F
Habilitand, Institut for Economic informatik, Humboldt-University Berlin
tyge. kummer@hu-berlin. de
泰格夫·库梅尔博士
德国柏林洪堡大学经济信息研究所博士后

Prof. Dr. WANG Xuyi
Professor of ThyssenKrupp-Chair for Controlling CDHK Tongji University
Vicedirector of Selten - institut of economy and management Tongji University
Guest professor of Ruhr University Bochum, University of Göttingen, WHU, University of Münster and University of Zürich
wangxy@tongji. edu. cn
王煦逸博士教授
同济大学中德学院蒂森克虏伯管理控制学讲座教授
同济大学泽尔腾经济管理研究所副所长
德国波鸿鲁尔大学、哥廷根大学、德国 WHU 商学院和明斯特大学以及瑞士苏黎世大学客座教授

M. M. Shi Wenting
Bank of China Shanghai Branch
史雯婷硕士
中国银行上海分行

© 2010 Ernst & Young, China.
All Rights Reserved.
FEA no.03000317
Don't prepare for the world as it is. Prepare for the world as it's going to be.
What's next?
ey.com/china
ERNST & YOUNG
安 永